高职国际合作办学项目本土化研究与实践

◆2015年广东省教育厅质量工程教改项目："示范性高职院校中外合作办学项目管理运行机制创新及优质资源本土化研究与实践"（项目编号：GDJG2015203）
◆2015年广州市高等学校第七批教改重点项目："高职院校中外合作办学项目本土化实践与研究"（项目编号：GZYB201501073）
◆2016年广州市第三批教育系统创新学术团队项目："高职国际合作办学项目本土化研究"（项目编号：1201630008）

赵立江◎著

GAOZHI GUOJI HEZUO BANXUE
XIANGMU BENTUHUA
YANJIU YU SHIJIAN

暨南大學出版社
JINAN UNIVERSITY PRESS

中国·广州

图书在版编目（CIP）数据

高职国际合作办学项目本土化研究与实践/赵立江著. —广州：暨南大学出版社，2018.9
ISBN 978-7-5668-2506-3

Ⅰ. ①高… Ⅱ. ①赵… Ⅲ. ①高等职业教育—国际合作—联合办学—研究—中国 Ⅳ. ①G718.5

中国版本图书馆 CIP 数据核字（2018）第 220016 号

高职国际合作办学项目本土化研究与实践

GAOZHI GUOJI HEZUO BANXUE XIANGMU BENTUHUA YANJIU YU SHIJIAN

著　者：赵立江

出 版 人：徐义雄
责任编辑：古碧卡　姚晓莉
责任校对：康　蕊
责任印制：汤慧君　周一丹

出版发行：暨南大学出版社（510630）
电　　话：总编室（8620）85221601
　　　　　营销部（8620）85225284　85228291　85228292（邮购）
传　　真：（8620）85221583（办公室）　85223774（营销部）
网　　址：http://www.jnupress.com
排　　版：广州市科普电脑印务部
印　　刷：佛山市浩文彩色印刷有限公司
开　　本：787mm×1092mm　1/16
印　　张：7.5
字　　数：146 千
版　　次：2018 年 9 月第 1 版
印　　次：2018 年 9 月第 1 次
定　　价：28.00 元

前　言

中外合作办学是我国跨国高等教育的主要形式，中外合作办学机构或项目的出现不仅有利于加强国内外高校的交流与合作，发挥“鲶鱼效应”，推动我国高等教育改革，有效缓解我国高等教育供给和需求的矛盾，还可以丰富高等教育供给的多样化，促进国内教育消费。通过中外合作办学，吸引国外教育资源和国内民间资本投向教育，推动办学体制改革，使不出国留学成为可能，进而增加国内教育消费，同时降低学生的教育支出，为更多的中国学生提供“本土留学”的机会，即不出国门就可享受到国外的教育，让更多的中国家庭和学生享受国外优质的教育资源成为可能。

改革开放40年来，中国教育国际合作与交流不断深入和拓展，初步形成了全方位、多层次、宽领域的对外开放格局。以中外合作办学、境外办学、双向留学、合作科研、聘请外籍教师、学生交换等为主要形式的跨境教育已成为教育国际合作与交流的重要内容，对推动中国办学体制改革、拓宽人才培养途径、促进教育对外开放发挥了积极作用，取得了显著成效。

伴随着社会经济变革与开放，我国高等职业教育也获得了快速发展，提供了数以亿计的高素质劳动者和技术技能人才，解决了巨大的劳动力需求，在推动经济社会快速发展、促进教育公平、实现教育均衡发展方面做出了重要贡献。

进入21世纪，我国颁布了一系列中外合作办学政策和法律、法规，在维护教育主权完整、保护办学权益最大化、强化本土实施、保障办学质量、兼顾公益性和营利性等方面，促进和规范了中外合作办学的开展。随着我国对外开放领域的不断扩大、教育改革的持续深入、《国家中长期教育改革和发展规划纲要(2010—2020年)》的颁布实施，中外合作办学规模逐步扩大，办学层次逐渐提高，办学形式呈现出多样化趋势。我国中外合作办学再次得以迅速发展。

相对其他教育领域，我国高职中外合作办学理论的形成时间更短，理论体系更需不断完善；受制于政策、法规、生源基础等因素，办学模式、运行机制、管理体制、评价体系等亟须在实践中不断探索。

高职院校是推动中国教育改革与发展的重要力量，当前的国家战略与国际形势也为高职中外合作办学的转型发展提供了新的历史机遇。无论是中外合作办学研究者还是办学实践者，都需要加强中外合作办学理论研究，努力整合国际、国内优质职业教育资源，提升办学层次与办学质量，增强合作办学对高等职业教育国际化的带动作用，以此共同把握新的历史机遇，顺应中外合作办学发展的新趋势。

本书针对我国高等职业教育中外合作办学进行了较系统的研究，主要内容包括职业教育国际交流与合作的比较研究（第二章）、我国高职院校国际交流与合作（第三章）、中外合作办学政策分析（第四章）、中外合作办学模式及高职中外合作办学现状（第五章）、高职中外合作办学优质资源本土化研究及实践（第六章）。各章节内容既相对自成体系，又相互关联，对丰富我国高职中外合作办学教育理论及开展中外合作办学实践具有一定的借鉴和指导价值。

本书从历史发展的视角出发，坚持历史唯物主义，以史为据、史论结合；坚持实事求是，肯定成绩，正视问题；坚持理论联系实际，评析现状，找寻规律，探求趋势，并尝试提出解决问题的对策与思路。但限于著者的理论水平与认知能力，书中必有疏漏之处，恳请批评指正！

在本书的撰写过程中得到了来自学院领导、同事和朋友的帮助：学院院长黄德敏高级经济师、公共基础部徐山平教授、思政部兰茹教授、体育产业系孙雷鸣教授、学生工作处张苹处长、教务处吕剑辉副处长、继续教育部冯骏杰博士等为本书提出了许多宝贵的建议，在此一并致谢！

赵立江

2018 年 3 月

目　录

第一章

导　论

一、缘起

2010年起，我国已成为世界第二大经济体，在政治、经济和文化等方面均表现出较高的国际化水平。国际化的程度在一定层面可以反映我国高等教育与西方教育的交流状况及参与水平。因此，国际化成为高等教育一个重要的发展趋势和战略方向。

在全球化因素与宏观教育政策的影响下，我国本土职业教育迎来了前所未有的发展机遇。党的十八大之后，国务院印发了《关于加快发展现代职业教育的决定》，其中对于职业教育发展目标的界定是："建设具有中国特色、世界水平的现代职业教育体系"；2013年，习近平总书记对于职业教育培养目标做了重要批示："培养数以亿计的高素质劳动者和技术技能人才"；2014年，教育部、国家发展改革委、财政部、人力资源社会保障部等部门联合编制印发了《现代职业教育体系建设规划（2014—2020年）》，在"建设开放型职业教育体系"一节中明确了现代职业教育国际化人才培养目标与要求：职业教育院校要有计划地学习国际先进、成熟的人才培养标准；鼓励职业院校与国外高水准院校建立一对一合作关系；加快培养适应我国企业走出去要求的技术、技能人才；与承揽海外项目的企业联合建立国际化人才培养基地；提高我国教育对周边国际化的辐射力和影响力。自此，国家对职业教育国际化进行了全面部署，对职业教育国际化人才培养提出了要求。职业教育人才培养目标从为本土劳动力市场培养应用型人才提高到培养符合国际职业标准的技术人才层面，对职业院校而言，实践国际化人才培养模式已经成为不可阻挡的趋势。

高职院校数量占整个高等院校总量的46.5%，在校生人数已达1 000万，占整个高等教育规模的30%，在校学生规模已经成为高校学生总人数的重要组成部分，高职教育国际化已经成为高等教育国际化的重要组成部分。

高等职业教育是指培养高级技术类人才的高等技术教育，兼具高等教育和职业教育双重属性，"高等性"要求学生须达到一定的专业知识素养；"职业性"则强调学生的职业技能要满足谋生就业的需要。它既肩负着培养专门的职业技术类人才，完成社会主义现代化发展的目标使命，也承担着促进就业、改善民生的基础任务。鉴于高等职业教育的人才培养目标与高等教育的人才培养目标有相似之处，即都是为国际化特征日益明显的劳动力市场输送人才，那么，作为高等职业教育国际化人才培养的载体——高职院校，也就成为把国际化人才培养模式从理论转向实践的应用者。因此，对高职院校国际化人才培养模式的对策进行积极探索，无论是对厘清高职教育培养目标，还是补充高职教育培养体系，抑或是促进高职教育实现内涵式发展都具有重要的研究意义。

在我国的教育体系建设规划里国际化也被列入其中，《国家中长期教育改革和发展规划纲要（2010—2020 年）》在扩大教育开放一节中提出要从加强国际交流合作、引进优质教育资源、提高交流合作水平这三个方面入手，坚持以开放促改革、促发展，开展多层次、宽领域的教育交流与合作，提高我国教育国际化水平。

二、高职教育国际化理论与概念

1. 教育国际化

美国卡耐基教育政策理事会主席克拉克·科尔提出：“教育国际化是每个学校在发展中必然面临的重大挑战，因此，要制定相关政策，扩展美国高等教育的国际维度。”教育国际化以交往跨国化、经济全球化、技术一体化等形式为代表，突出教育理念、教育模式、教育产品（人才）在世界各国间的流动与交换，其品质与内涵也得到了与时俱进的提升和丰富。庄智象等学者指出“国际化人才培养是一项关乎其国家发展前景、科技进步的创新工程，既要进行基础性的科学研究，又需要注入创新的勇气去大胆实施和展现”。总的来说，大学教育的国际化是指把大学的 teaching（讲授）、learning（学习）、research（研究）、service（服务）和 management（管理）置于世界教育和文化之中进行建设和管理。

2. 教育本土化

教育本土化是指在全球化背景下保留和坚持本国教育的主体性和主权性，从而形成具有本国特色的高等教育体系。在教育日渐全球化与国际化的今天，教育理论本土化不仅是中国教育学发展的重要命脉，更是几代教育研究者一直为之奋斗的目标。教育理论与实践的本土化，既是对教育本土文化的诠释，又是对母体文化概念、实践的重组与解读；其间包括理论本身与实践关系的研究，从本土化内化到高等教育范畴领域的专门具体研究。高等教育的本土化主要是相对于“国际化”而言的，没有教育的国际化，教育的本土化也就无从谈起。

3. 高职教育国际化

高职教育国际化是在经济全球化的大背景下，各个国家在高级技术应用性教育方面相互交流和借鉴，实现高职教育资源在世界范围内充分利用的过程。

高职教育国际化的特色是以技术应用为手段，结合自身实际，合理制定国际化策略，培养国际化的高技能人才，在教学、科研及社会服务等方面全面推动国际化。同时，有学者认为，高职教育国际化具有高等教育国际化的特点，高等教育国际化就是把不同国家和不同文化的观点和氛围与大学的教学、科研和社会服务等主要功能相结合的过程，无论是学校内部，还是学校外部，无论是管理者、教师、学生，还是学校自身的政策导向，都发生着变化。这种观点从含义、范围、条件等方面定义了高等教育国际化，既有逻辑理论性，也有分层次的可操作性。因此可以这样界定高职教育国际化：高职教育国际化是以技术和应用为特色，以培养国际化中高技能人才为目标，以融合国界和文化差异为手段，创建不同观点并存的和谐氛围环境，实现高职教育的管理、教学、科研和社会服务等主要功能相结合的过程。

三、课题研究背景

目前，高职中外合作办学已成为我国高等教育的一种重要形式和重要的组成部分，为我国培养高素质、高技能的国际化人才提供了新的方式和途径。经过30 多年的发展，我国高等职业教育国际化人才培养的优势逐渐凸显，但同时，其和本土化人才培养模式的矛盾也日益显现。因此，如何将国际化人才培养模式与本土化人才培养模式相融合来促进中外合作办学的发展，已成为高职中外合作办学研究领域的重要课题。

第二章

职业教育国际交流与合作的比较研究

教育国际化是经济全球化发展的客观要求，发达国家的国际教育交流与合作已积累了丰富经验。认真总结他们的经验、教训，分析当前的发展趋势，对于我国开展职业教育国际交流与合作有相当重要的启示。

第一节　美国教育国际交流与合作

美国是一个典型的移民国家，自20世纪初以来，美国在政治、经济、军事、科技等各方面独领风骚。能够取得这样的成就，与其培养的高质量的高等技术人才密不可分。开放、包容、创新、具有危机意识使这个国家一直保持着竞争力。

一、美国教育国际交流与合作的基本情况

1. 20世纪以来美国教育国际交流与合作的主要阶段

美国教育国际交流与合作的历史由来已久，到1900年为止，横渡大西洋到欧洲伟大的学术研究中心，主要是到德国的大学留学的近万名美国学者，带着坚定地服务于学术研究和以科研为基础的教育思想回到美国，这一“以德为师”的选择，成为国际教育交流史上的划时代事件，也使得美国后来发生了学术革命，并在20世纪30年代后期迅速崛起，取代德国成为世界高等教育与科研中心。美国高等教育体系形成的过程本身就是国际交流借鉴的过程，开放性与国际性始终是其显著的特点。20世纪以来，美国的教育国际交流与合作经历了以下三个阶段：

（1）二战时期的美国教育国际交流与合作政治外交。

第二次世界大战使得美国从国际事务的边缘走向中心，全球形成了以美、苏为中心的东西两大阵营，冷战从此拉开。美国积极参与欧洲的重建，而苏联则加强对中、东欧国家的影响。20世纪50年代，美、苏从政治、经济、意识形态等各方面加紧对第三世界国家的争夺。1957年苏联卫星的成功发射使美国于1958年紧急颁布了《国防教育法》，这是美国历史上首次以法律的形式把教育置于事关国家安全的重大战略地位。该法支持高校建立现代外语教学和地区研究中心；法案还规定资助学者的国际交流等。1961年，美国通过了《对外援助法》，把高等教育机构作为援助和渗透的重要力量。同年，美国成立了国际发展总署，旨在

向贫困、落后和不发达国家提供经济、技术文化援助，包括开展海外教育。援助项目的目的就是政治外交。1966 年美国国会正式通过了《国际教育法》，要求确保这一代和未来几代的美国人了解其他国家的人民和文化的所有知识领域。这一时期，基金会和政府对国际教育慷慨资助，教师频繁出国，研究成果和出版物大量涌现。在当时国际教育领域中普遍使用的术语和研究沿用至今，比如说，国际关系、领域研究、外语、职业教育的国际化、外国学生、海外留学、教师交流、校际交流、国际项目管理和研究政策等。

（2）二战之后的美国教育国际交流与合作：经济收益和人才战略。

随着华沙集团和苏联的解体，美国成为唯一的超级大国，冷战理论让位于经济利益和人才战略。由于明显的教育和科技优势，再加上名目繁多的奖学金，美国成为最吸引留学生的目的国。美国于 20 世纪 90 年代通过的《全球教育良机法》《国家安全教育法》《2000 年目标：美国教育法》，授权政府继续资助“国际教育交流计划”，建立专门基金资助美国学生留学发展中国家。这一时期，美国开始大量在海外设立分校。美国的高等教育逐渐成为第五大服务出口产业，教育出口额位居世界第一。

这一时期美国学生留学海外呈现出两个特点：一是留学海外学生数逐年持续攀升，当然，与到美国留学的学生数量相比仍然偏少。二是留学海外学生的目的地仍然比较集中，主要是欧洲，其中英国为最多。但亚洲所占的比例越来越大。

美国之所以提供大量的奖学金或助学金，不能简单地归结于增进文化交流和了解，其最根本的动因是通过招募全世界最优秀的人才和智力资源，为在以科研和人才为本的全球竞争中保持美国称雄地位服务。人们形象地把美国称为“人才收割机”。

（3）21 世纪的美国国际教育交流与合作政策走向：国家安全和双向交流。

自 21 世纪初世界技术中心从欧洲转移到美国后，美国人多年来一贯以老大自居，对他国经验缺乏了解且兴趣淡漠，甚至不屑一顾。世界人民越来越了解美国，而美国人越来越不了解世界。当全世界都在学说英语的时候，绝大多数美国人根本没有学习除英语以外其他语言的兴趣。“9 · 11”事件发生后，曾难以找到能听懂阿拉伯语、波斯语等小语种的人。美国游离于国际科教大家庭之外 20 年。2002 年 9 月美国政府郑重宣布将重新加入 UNESCO，这一举动标志着美国从藐视他国教育经验转向关注和借鉴他国教育经验。

美国国际教育学者协会（NAFSA）于 2000 年 2 月 22 日发布的《美国迈向国际的教育政策》（*Toward an International Education Policy for the United States*）”指出，今天世界上很多国家都认识到，除非他们的公民所受到的教育中有部分是在外国接受的，否则将被认为没有受到过针对现代世界的教育。报告批评美国缺乏促进全球性学习的政策，政策制定者们似乎也不知道有这样的需求。“9 · 11”之后，全球恐怖主义的挑战使得国家安全理论成为美国外交政策的重要概念。美国相继出台了一系列严格限制境外人员入美的法案，从而使美国不再成为国际学生的首选之地，大学国际化经历了一个低潮期。NAFSA 此时发表了另一份报告，《美国迈向国际的教育政策：全球化和恐怖主义时代的国际教育》（Toward an International Education Policy for the United States：International Education in an Age of Globalism and Terrorism），报告认为，美国已别无选择，必须通过交流迅速提升全世界人民认识美国的能力、美国人民认识世界的能力。联邦政府不可能包揽一切，要调动各种资源。大学、学院、社区学院必须进一步使他们的课程、校园国际化，必须为学生和教师提供更多的全球化机会。社区学院的国际化要求第一次被正式提及。2005 年 8 月，美国国家科学院对“9・11”以来美国政府的外国留学生政策进行了分析，认为外国学生和学者是美国科学力量的重要组成部分，继续吸引外国学生和学者是美国创新经济成功的关键，同时也强调培养本国人才的重要性。经过这样一个低谷期后，美国重新评估了其高等教育国际化政策。为收复失去的市场份额，不仅研究型大学、普通的本科院校，就连以往只为本地社区服务的社区学院都纷纷到海外开教育展。与此同时，美国各大学，包括社区学院，进一步明确了“培养全球公民”的目标，鼓励学生到海外学习。

近年来，美国在重新审视高等教育国际化的战略调整问题。最有代表性的是《西蒙法案》（*Senator Paul Simon Study Abroad Foundation Act of 2007*）。这份报告设想，到 2017 年每年派 100 万大学生到海外学习，把每个美国大学生都塑造成世界公民。据 2010 年美国教育统计中心数据显示，在 6 000 多所高等教育机构中一半以上的海外留学生仅来自 108 所高校，这些学生又主要集中在研究型大学。

该计划有三个主要目标：一是从 2007 年到 2017 年的十年时间内每年帮助 100 万美国大学生赴海外留学；二是在 100 万的海外留学生中，来自研究型大学、社区学院、少数民族等的学生人数须与美国境内各种来源的大学生人数按比例增长；三是提高前往非主流国家留学的比例，特别强调到发展中国家留学。美国国际教育研究所所长古德曼（Allan E. Goodman）认为：“海外学习应该是每一位美国学生接受教育的一部分，美国正在进一步增加大学生海外学习的机会，消除学生参加海外学习的障碍，为每位学生成为世界公民做好准备。”从中可以看出美国在国际教育交流政策上的转向。这一计划有两方面的信息非常重要，一是不仅是研究型大学，众多的社区学院、少数民族也是国际交流与合作的重点；二是不仅是发达国家，发展中国家也是国际交流与合作的重点。

2. 重要影响力量

美国高等教育系统是典型的分权管理，国家只能通过法案、拨款等间接渠道进行有限的引导，因此民间组织和个人在美国教育政策的制定过程中发挥了极其重要的影响作用，这种影响也包括对高等教育机构国际交流与合作的影响。

富布赖特奖学金项目就是因当年美国联邦政府参议院外交委员会主席富布赖特（James William Fulbright）首先提出而得名的。富布赖特认为，实现让美国了解世界和让世界了解美国的双重目标的最有效的手段就是教育和文化交流。1946年，国会通过富布赖特法案，设立专项政府教育资助金，用于国际交流奖学金计划。富布赖特奖学金项目为美国所带来的政治收益无论如何评价都不会过高。

对美国国际教育交流有较大影响的非政府组织和机构有：国际教育工作者协会（Association of International Educators，NAFSA），美国国际教育研究院（Institute of International Education，IIE），美国教育委员会（American Council on Education，ACE），美国高等教育协会（American Association for Higher Education，AAHE），美国社区学院联合会（American Association of Community Colleges，AACC）等。

美国国际教育研究院是美国第一个专门研究高等教育国际化的机构。其每年11月公布的“OPEN DOORS”报告对全美各州、各高校招收的国际学生以及派出海外学习的学生进行统计。不仅按当年留学生数据在各州、各高校间进行排名，还对历年的数据进行比较。对留学生的专业选择、生源地及生源地学生数量的变化趋势、经济贡献等进行计算和分析。从2002年开始，美国国际教育研究院专门就社区学院的留学生情况进行数据收集和统计分析。这些分析报告对政策决定起到了很好的借鉴作用。近年来又发起了“应对美国的全球教育挑战”（Meeting America's Global Education Challenge）项目，密切关注美国学生赴海外留学政策的研究和制定，并就这一问题从2007年5月到2009年5月已连续发布六卷美国大学生留学问题白皮书。其中2008年9月第三卷《扩大美国社区学院的海外学习》（*Expanding Education Abroad at U. S. Community Colleges*）专门讨论了社区学院学生海外学习区别于四年制大学学生学习的特点，社区学院学生海外学习的重要性、现状、挑战及建议。

美国教育委员会发表的《美国高校的国际化》（*Mapping Internationalization on U. S. Campuses*）报告，进一步从院校层面分析国际交流与合作的开展情况，其中关于社区学院的调研情况也比较详细。（此部分在下文详述）

国际教育工作者协会成立于1948年，致力于国际教育交流事务，促进来往于美国的国际学生和学者的交流。该协会是目前世界上同类教育组织中规模最大的，也是实际运作最有成效和最有影响力的一个机构。国际教育工作者协会发布的几份很有分量的报告，以其前瞻性和敏锐性有效地促进了美国政府在教育国际交流方面的政策制订。2008年1月国际教育工作者协会成立特别工作小组制定了院校对海外留学实施有效管理的标准。

二、美国社区学院教育国际交流与合作的现状

1. 美国高等职业技术教育发展概况

美国实行的是典型的单轨制教育。职业教育并没有专门的实施机构，但中小学都开设职业教育的相关课程。与中国相对应的高等职业技术教育，主要由社区学院（由初级学院发展而来）及技术学院（由赠地学院发展而来）来实施，其

中又以社区学院较为典型。另外，美国四年制的本科教育和研究生教育只有小部分是学术性教育，主要是技术应用性教育，因此它们与社区学院可以很好地衔接。

19 世纪 60 年代为适应美国内战后重建而颁布的《莫雷尔法案》，产生了大量的赠地学院，从此高等职业技术教育成为美国高等教育的重要组成部分。1892 年，芝加哥大学校长把四年制本科教育分为前后各两年，前两年称为初级学院，初级学院最初的职能主要是转学教育。到了二战期间，初级学院开始强化其职业教育功能并更名为社区学院。二战后，《退伍军人权利法》使得大批退伍军人进入社区学院学习职业课程，社区学院得到了快速发展。1963 年《职业技术教育法》颁布，明确强调对职业技术教育的财政支持，美国高等职业技术教育在这一阶段实现了规模发展。20 世纪 70 年代全球石油危机，造成大批人员失业，这些人再就业前需要再接受培训，因此社区学院的职能从职前拓展到职后。到了 20 世纪 90 年代，美国政府积极响应联合国提出的“终身教育”的号召，社区学院又增加了终身教育的教育职能。典型的现象就是非传统年龄的学生数不断增加和四年制学院学生回流现象的增加。他们主要是为了学习高级工作技能，获取某一专门领域的证书，或仅仅是为了个人兴趣。至此，社区学院成为集转学教育、职业教育、技能培训、终身教育等多功能为一体的教育机构。

进入 21 世纪，美国的经济发展进入低迷时期，但是两年制社区学院的学生注册率反而飙升。面对金融危机，各国都急需创造就业机会，提高就业率，因此美国再次把目光投向社区学院，将启动 120 亿美元的社区学院改革计划，目标是：到 2020 年，社区学院里获得学位和证书的美国人增加 500 万。这个计划实施后，到 2020 年，每年从社区学院毕业或者获得结业证书的学生数将达到 1 100 万。

2．对社区学院开展教育国际交流与合作的认识

美国的教育国际交流与合作有着丰富的经验，但从前文的描述可以看出，大部分院校层面的交流还是停留在研究型大学或至少是本科院校。社区学院开展国际交流与合作的历史并不长。人们对于这个问题的认识也是在不断地深化。从 NAFSA 的报告、《西蒙法案》可以看出，越来越多的人和机构开始关注这一现象，意识到社区学院国际交流的重要性。美国社区学院联合会国际项目和服务部主任 Judith T. Irwin 指出：社区学院创立之初就是为了服务地方，他们还将继续致力于满足地方需要。与此同时，社区学院也越来越意识到他们的学生将会生活在一个多元文化、彼此依存的社会里。为此，社区学院要拓展他们的项目和服务，去拥抱国际社区（world community）。社区学院国际交流的目标是帮助学生在世界文化中更加自由也更有能力地进行个人、职业的流动；帮助学生介入与教育、商业和社会交往有关的世界活动。社区学院主要通过把国际内容融入新的或已有的课程中，为移民和外国学生提供特殊课程和活动，启动海外学生项目，鼓励师资夺流，招收国际学生等形式开展国际交流。

3．社区学院国际化的评价维度

美国社区学院联合会 2000 年的一份调查表明：在被调查的社区学院中，超

过80%的社区学院把国际化的内容整合进课程；83%的社区学院组织了提升全球意识的活动。在过去五年里，在社区学院学习国际商务课程的注册学生比重从23%上升到60%。44%的社区学院聘请或雇用来自其他国家或有国际经历的教职员工。78%的社区学院通过赞助或与其他机构合作为学生海外学习提供游学或交换项目。社区学院招收国际学生有两个主要的原因。首先，当然是因为招收国际学生带来的财政上的收益。其次，更重要的是大多数社区学院是为了使校园里的学生群体更加多元化。尤其是对中西部地区那些同质化学生群体更严重的学校来讲，这个目标更强烈。

美国教育委员会在2001年对全美社区学院的国际化进行过调研，在2003年数据更新的基础上，于2005年发表了一份报告——《社区学院国际化评价》（*Measuring Internationalization at Community Colleges*）。报告开篇就指出：社区学院在美国高等教育机构中占42%，招收的学生数占40%。它们对学生的全球化能力的培养至关重要。传统上讲，社区学院服务的是当地社区，但当地社区已经变得全球化了，社区的商业已经扩展到全球，移民潮也推进了城镇的多元化，劳动力的流动已经是一个不争的事实。如果社区学院的教育者关心他们所服务的社区，那么全球化的教育就是必需的，而不是可选的。社区学院的作用正在向满足这些新的挑战转化。当然，社区学院的特殊使命和学生群体的复杂性给大多数社区学院的国际化带来很大挑战。调研主要从六个维度开展，分别是：

①明确的理念：考察一所社区学院有没有关于支持国际化的书面陈述或是否已经制定了相关的政策。包括询问学院的使命陈述、策略计划、正式评估、招聘启事、海外学习指导方针、教师晋升指导方针。

②学术项目：考察学院是否提供了可转换学分的海外项目，是否提供了国际化的学术内容。包括外语学习、国际化的教育要求、国际化的通识教育课程、海外学习、其他可转换学分的海外项目。不包括非学分的海外项目以及课外活动。

③基本组织机构：这个维度反映了学院对校园国际化提供的支撑资源。包括：基础设施，比如专门的办公空间；人力资源，比如独立的全校委员会和国际教育办公室人员；交流通讯支持，如电子邮件、网页、信件或其他沟通方式。

④外部经费：这个维度代表学院寻求外部对于国际教育项目经费支持的努力程度。

⑤学院对师资的投资：教师的参与是国际化的关键。教师与学生的接触是最紧密的。此外，因为只有部分学生参加海外教育或国际化的课外活动，教师仍然是学生们接受国际化问题、事件和文化的主要来源。这个维度衡量给老师提供的职业发展机会，以帮助他们提高国际化技能和知识，从而使他们的课程更加国际化。因为是教师在直接进行授课和课程开发，特别指出的是，调查问题涉及学院是否有为教师的国际化活动提供经费支持的专项资金。

⑥国际学生和学生项目：学生通过各种各样的校内、校外活动或者与国际学

生的接触了解国际化的活动、文化和问题。这个维度旨在衡量学院对于现在每个学校都有的非正规学习的支持程度。问题包括：学校国际学生的人数；用于招收国际学生的经费数量；对海外学生的教育，提供国际化的校园活动；旨在整合美国学生和国际学生的项目。

2017 年，美国教育委员会发表了一份报告——《美国高校的国际化：2017 版》。从院校层面看，社区学院的学生背景和经历更加多元化，越来越多的高校已深刻认识到派遣学生赴海外留学的重要价值，提供海外学习机会的社区学院剧增，部分社区学院还提供海外实习机会、国际服务机会，以及到国外进行野外实习的机会。

三、美国高职教育国际交流与合作的主要特点及启示

1. 美国社区学院开展国际交流与合作的主要目的是增进学生的世界了解

美国各种类型的大学都具有开放的传统和创新的品质。阿特巴赫（Altbach）这样评价美国大学："美国大学结构在全球影响深远，表征着世界各地大学特征的基本结构，但其自身也是熔铸了各种国际影响的混合物。最初来自英国的殖民地学院模式，与德国的研究型大学理念及美国式的服务社会观念相结合，形成了现代美国大学模式。通过一些创造性的方式，外国模式与美国国情紧密结合起来。"但是在美国成为世界霸主后，其渐渐对其他国家的经验不再有浓厚的兴趣。然而，"9·11"事件让这个民族再次充满危机感，重新认识到国际交流与合作的重要性。美国以更大的力度、更全面的姿态推进高等教育的国际交流与合作。一直不被关注的社区学院国际交流与合作得到前所未有的关注，有关社区学院国际化的调研报告接踵而至。社区学院采取各种办法鼓励各种背景、各种年龄层次的学生到世界各国，尤其是发展中国家学习，希望增加每一位美国公民对世界的了解。美国从藐视他国教育经验转向关注和借鉴他国教育经验，最终向融入全球教育大家庭的方向转化。作为当今世界唯一的超级大国，美国的经验告诉我们，无论是发达国家还是发展中国家都有自己的优势所在，也都有教育国际交流与合作的必要；无论是研究型大学还是职业院校，都需要培养国际化的公民，而要实现这个目标，国际交流与合作是必由路径。

2. 国家以政策有效引导国际交流与合作

美国的高等教育系统具有分权的传统，高等教育系统内部差异度较大，学生群体多样化更大，因此美国始终强调以单个机构为基础的国际化方式，没有统一的固定模式。联邦政府在高等教育方面的角色仅限于提供研究经费、学生财政资助和制定相关的政策。但是联邦政府在明确宏观战略的前提下，很好地利用了这几项措施，多管齐下，有效地引导了高等院校的国际交流与合作。美国以颁布法律法案的方式，或是授权，或是直接设立基金，吸引留学生、鼓励美国学生海外学习。通过提供大量的奖学金或助学金，招募全世界最优秀的人才和智力资源，

保持了美国在全球竞争中的称雄地位；同时也鼓励美国学生增加其在世界各地学习的经验。可见国家战略指导下的政策对于每一个个体的院校来讲都会产生方向性的引领作用，这一点对于中国非常适用。

3. 人们对社区学院国际交流的认识在不断深化

虽然美国高等教育国际化程度很高，但社区学院的国际化也是到了20世纪末才引起大家的关注。社区学院因其服务社区的特殊使命和多样化的学生群体，在国际化进程中仍面临很多挑战。因此当前社区学院开展国际交流与合作有部分与中国高职院校相似的困难，比如：学生缺乏自信，学校缺乏学生海外学习的经费，学生认为海外经历是本科院校学生的事。因此美国社区学院探索国际交流与合作的实践和经验可以为中国所借鉴。

4. 非政府组织的作用显著

美国一些关注教育国际交流与合作的非政府组织在高校国际交流与合作中发挥了举足轻重的作用。他们不仅是信息的桥梁、专业的代表，更以权威的数据、深入的分析、专业的视角、前瞻的建议影响着国家政策走向。这些非政府组织，对本国国际教育的发展、政策、战略出谋划策，为高校、学生国际交流提供详细的指南。为推动高校的国际交流与合作提供了极有价值的指导，既有利于学校国际市场的开拓，又保证了国家国际教育政策的实施。政府对这类研究也给予了足够的重视，从而让他们的很多建议成为政府决策的重要依据。非政府组织作用的发挥方式以及政府对于民间组织的支持举措可以很好地为中国尚在成长期的民间组织所借鉴。

第二节　澳大利亚职业教育国际交流与合作

澳大利亚位于太平洋和印度洋的交界处，幅员辽阔，物产丰富，也是一个典型的移民国家，多元文化政策的实施使不同的民族能够和平友好相处。澳大利亚的自然资源非常丰富，但人力资源却不充足。与美国、加拿大及德国等相比，澳大利亚的职业教育起步虽然相对较晚，但由于政府的高度重视与推动，澳大利亚现已构建起独特而完备的职业教育与培训体系，有效地开拓了国际教育市场的份额，澳大利亚目前成为世界上职业教育国际化程度、跨国教育输出比较成功的国家之一。据2018年《泰晤士报》全球大学排行榜，墨尔本大学和澳大利亚国立大学跻身世界前50名，位居世界前100名的大学澳大利亚有五所，进入世界前200名的大学有八所。

一、澳大利亚职业教育发展

1. 澳大利亚高职教育国际化现状

澳大利亚教育部近日宣布，2018年赴据澳留学生人数将达52. 5万，同比增长12%。

目前，澳大利亚包括职业教育在内的教育输出已成为澳大利亚最大的服务出口业。澳大利亚现已成为国际教育服务贸易前五强，留学生占在校大学生比例的12.6%，排名世界第二。

TAFE（Technical and Further Education）学院作为澳大利亚职业教育与培训的主要实施机构，已成为澳洲职业教育与培训的代名词，是澳大利亚承担国际留学教育的重要力量。

1982年，在TAFE学院的自费国际生为257人，占高等教育机构自费国际生总数（9 492人）的2.7%；1995年，有3 230名国际生在TAFE学院就读，占高等教育机构国际生总数（51 944人）的6.2%；进入21世纪，TAFE学院招收国际生人数急剧增长，2001年澳大利亚共有国际生240 000人，其中高等教育占52%，TAFE占9.6%，即23 040人。2009年9月在澳大利亚国际教育产业中技术与继续教育部门的国际生注册人数（212 538人）首次超过了高等教育（200 593人），位居高等教育、海外留学生英语语言集中课程、中小学及其他培训等之首。

这种增长与成效，既与TAFE学院通过树立国际化办学理念、构建国际化课程体系、提供跨境教育服务等灵活多样的国际化方式开放办学，从而在国际教育市场的竞争力增强有关，更与澳大利亚联邦和州/地区两级政府一直致力于将TAFE学院打造成世界教育品牌的政策制定与系统实施密不可分。

2. 澳大利亚高职教育国际化政策的历史变迁

（1）20世纪50年代到70年代末：对外援助时期。

这个时期澳大利亚的海外学生政策以“援助”为主要特征。出于政治利益考虑，澳大利亚政府于1951年7月启动“哥伦布计划”（The Colombo Plan），该计划是有关澳大利亚和东亚以及东南亚国家间的教育合作协议，分为发展计划和技术合作两个方案，前者主要是针对东南亚各国的教育资助计划，澳大利亚政府根据协议向赴澳留学生提供教育资助，减免学费；后者则主要是给予技术和设备上的援助，帮助发展中国家提高办学水平。为了扩大教育资助的范围，工党政府在1974年修改了教育资助政策，免除了澳大利亚境内所有学生的教育费用。在这个时期所有的教育经费都来源于政府财政拨款，政府是澳大利亚职业教育国际化的办学主体。

为推动国际教育的对外援助活动，澳大利亚政府还成立了专门的国际组织。如1969年成立的“澳亚大学合作方案”（Australian-Asian Universities' Cooperation Scheme）就是政府提供经费，由澳大利亚大学校长委员会主导，帮助印尼、泰国和菲律宾等国家的大学开展国际化办学。在对外援助时期，由于职业教育国际化办学的主体是联邦政府，职业院校并不能因招收外国学生而获得额外经费，所以它们办学的热情不高，并不热衷于招收国际学生，大学在澳大利亚职业教育国际化进程中处于从属地位。

（2）20 世纪 70 年代至 90 年代初：对外贸易时期。

到了 20 世纪 70 年代，鉴于外部经济变迁及管理环境上的巨变，经过对海外学生政策更广泛的调查，澳大利亚政府认识到不能再把自己看作向发展中国家提供教育与培训服务的捐赠者，开始对留学生收取学费，这不仅为高校带来了巨大的经济效益，还增加了学生的留学机会。自此，澳大利亚早期的国际教育援助政策，逐渐被能带来经济利益的国际教育贸易政策所取代。

TAFE 学院最早成立于 20 世纪 70 年代，初建时澳惠特拉姆政府为改善教育公平问题，采取了两项重大举措来改善 TAFE 的财政状况和师资条件：一是推行免费政策，二是实行政府资助计划，向接受认证课程的 TAFE 学院学生提供奖学金资助。这对 TAFE 体系的形成产生了深远影响，不仅学生数量剧增，而且进入 TAFE 学院的学生成分也发生了变化。

同时，惠特拉姆政府还在教育管理结构方面做了变革，扩大了教育部的业务和权限，将学生资助项目、教育研究与信息服务、移民教育、国际教育等纳入管理范围。教育部资源整合权限及效果明显显现，表现之一是 20 世纪 70 年代末澳大利亚远程教育飞速发展，而 TAFE 学院正是远程教育的主力军，远程教育也成为日后 TAFE 学院开拓国际留学教育市场的重要举措。

根据 1974 年的《康甘报告》（*Kangan Report*），当年 TAFE 学院的函授学生有 41 000 人，是政府管辖的所有教育机构的校外注册生总数的 3/4。

在此基础上，TAFE 学院开始尝试国际留学教育，并且在高等教育体系中占有了一定比例。据 1982 年 6 月 30 日的统计，海外高等教育学生中，学习 TAFE 证书的有 257 人，占所有国际留学生总数（9 492 人）的 2.7%，仅次于大学和高等教育学院。

20 世纪 80 年代中期，虽然弗雷泽政府开始削减教育经费，但对 TAFE 学院的拨款比例、拨款总额却仍在持续增加，TAFE 学院获得快速发展，开始对来自东南亚国家的技术移民实施职业教育，为其提供英语培训和技能认证。TAFE 学院约 97% 的办学资金由政府拨给，3% 由学校自筹。由于经济不景气和社会对教育经费支出理念的变化，20 世纪 80 年代末和 90 年代初，霍克政府对 TAFE 学院的拨款方式发生了变化：一方面由原来的财政拨款改为部分付费服务，鼓励 TAFE 学院市场化运作以提高办学效率；另一方面从 1986 年开始，澳政府实施了国际生全额付费政策。政府鼓励 TAFE 学院通过招收国际生获得盈利，盈利部分不需要纳税，且不影响 TAFE 学院原本的政府经费投入。上述政策实施后，客观上鼓励了澳大利亚高职院校到国际市场招生，高职院校国际生人数显著增加。

可以这么认为：从 TAFE 创立到 20 世纪 90 年代初，澳政府一直在财力上给予了 TAFE 学院系统而有力的支持，有效促进了 TAFE 学院规模的扩增、社会地位的提高及社会影响的扩大，并通过拨款方式的变革，有效提高了 TAFE 学院的办学竞争力，为推动 TAFE 学院向国际教育市场全面开放奠定了基础。

（3）20 世纪 90 年代：多举措确保质量。

在将高职教育市场化、商业化经营的同时，澳政府并未放松监控，反而对 TAFE 系统实施了一系列的办学质量改革，针对国际高职教育质量、国际高职教育市场发展及教育服务等适时出台了多项法规政策予以规范和保障。1990 年，澳大利亚《培训保障法》（*The Training Guarantee Act*）出台，为 TAFE 学院参与国际事务培训等提供了法律保障。1994 年，《职业教育培训法》（*Vocational Education and Training Act*）颁布，鼓励成立私立培训机构，教育竞争市场的形成有效提高了 TAFE 学院的市场力和办学质量。1995 年，澳大利亚出台了一个保护其教育与培训质量的全国性政策工具，即为义务教育后的所有学历资格建立了一个统一的学历资格框架（Australian Qualifications Framework，AQF），涵盖了包括 TAFE 在内的 15 种学历资格，AQF 不仅在澳国内，更能在世界其他国家得到认可，这为 TAFE 学院在全球市场营销课程搭建了平台。1996 年，澳大利亚国家培训局部长理事会成立了绩效评估委员会（PRC），作为对绩效考核、数据收集和管理、研究和评估机制改革的一部分，从国家层面形成了对 TAFE 办学质量的监督调控机制。其后，澳大利亚国家培训局又建立了行业培训咨询机构（ITAB）和各州教育服务部（ESD）。1997 年，澳大利亚国家职业教育研究中心（NCVER）发布的第一个《国家职业教育培训研究与评估策略 1997—2000》就明确把质量评估放在了突出位置。可见，宏观上，澳政府从方向引导、市场调节、服务保障等多方面入手，形成了较为完整的 TAFE 质量监督立法；微观上，又根据一系列的职业教育技能政策，通过培训包和机构的设立进行保障和落实，从而构建起国家技能质量培养体系。应该说，从立法到保障立法执行，前后两个阶段相得益彰，共同促进和保障了相关法律制度的顺利发展。

（4）21 世纪：立法支持并系统设计教育服务出口。

进入 21 世纪，澳政府重新明确了高等教育国际化发展的方向，在政策导向上逐步完成了从“哥伦布计划”到“新哥伦布计划”的策略转变，从“援助”到“出口”，从“招生”到“派遣”，开始投向实践层面具体措施的完善，积极支持国际教育产业促进其出口。另外，在对国内教育和培训质量提升及保障的基础上，澳政府于 20 世纪 90 年代末启动了包括 TAFE 在内的跨国高等教育质量保障计划，从诸如《职业教育培训法》中的原则性规定进入到出台具体操作层面的法律法规来规范和推动高职教育国际化实践，从框架性规定进入到配套法律法规的制定、完善和执行，为高职国际教育管理的规范化和科学化提供了法律依据，最具代表性的就是逐步构建了一套系统的关于国际生的立法服务框架。该立法服务框架针对国际生专门出台了相关法规，一是致力于保护国际生的经济利益，二是要求 TAFE 学院为国际生提供相应的支持服务，如针对国际教育产业化的《教育无国界：教育领域的国际贸易》；再如针对国际生学费和服务的《学费保障计划》，提出即使在院校倒闭的情况下，国际生仍能在澳大利亚其他院校就读或退还学费；2000 年《海外学生教育服务法》（*Education Services for Overseas Students Act*）规定所有院校实行统一的审核登记制度，维护国际生的合法权益等。换言之，若 TAFE 学院提供不了替代性课程或不能退还国际生学费，责任将由“学费保障计划”或“国际生服务保障基金”承担。此外，AQF 还在 2004 年新增了副学士学位资格，以满足 TAFE 学院学生接受高等教育的需求。这种两年制的资格认证不仅实现了课程间的有效衔接，更使课程设置适应了国际市场需求，因此扩展了 TAFE 学院的海外留学教育功能。2005 年，澳启动“跨国教育和培训国家质量战略”，集中对跨国教育进行管理，以确保其国际教育服务与国内质量标准保持一致。无疑，这些法律、政策的出台和有效实施，为澳高职教育在国际市场上取得有利竞争地位提供了根本性保障。除了立法上的支持，继 NCVER 成立以来，澳政府更加大了对国际教育的研究、设计与指导，以提高澳国际教育在世界的竞争力和影响力。

2016 年 4 月，澳政府又启动了三项国际教育发展战略：《国际教育国家战略 2025》以及与之相配套的《澳大利亚国际教育 2025 市场开发路线图》和《澳大利亚全球校友参与战略》，国际职业技术教育在其中承担了“建立世界一流培训体系”的目标任务。

二、澳大利亚职业教育国际交流与合作的主要特点及启示

澳大利亚国际职业教育发展迅速，目前已成为世界上主要的跨国高等教育输出国，形成了以教育出口为主导的产业化教育形式，其中 TAFE 学院为澳大利亚高等教育国际化做出了重要贡献。这既建立在澳大利亚雄厚的高等教育实力基础上，同时也离不开政府的积极政策推动和支持。政府的教育决策、科学管理、支持开展研究活动等发挥了重要的引领与调控性作用，主要特点表现为：

1. 从产生及发展过程来看，政策具有多源流性、持续性和渐变性

（1）多源流性。TAFE 学院采用澳大利亚联邦政府和州/地区政府共同管理，且以州/地方为主的管理模式。而在 TAFE 学院具体的决策与管理方面，介于政府和院校间的教育团体发挥了重要的建议、咨询甚至是决策管理作用。如国际教育基金会、国际教育协会等教育团体会首先针对高职教育国际化的某个问题开展调查，然后向政府提交调查报告，经联邦议会或州/地区议会讨论，再经过官方宣布后具有法律作用。

可见，这些教育团体实际上都具有一定的决策和管理职能，为政府出台政策和资助 TAFE 学院提供更科学可靠的标准。

（2）持续性。澳政策的持续性在现实操作中主要体现为两点：一是澳政府持续提升高职的社会地位，通过持续加大投入，在国家层面形成“技能强国”的职业教育发展理念以及持续出台政策增强 TAFE 文凭的价值等，逐渐增强高职教育的社会认同，从而提升高职教育的国际吸引力。二是澳政府持续为推行高职教育

国际化铺路，按照国际标准开发课程，确保高职教育的国际通用性；通过学分互换与积累制度及学位互认制度，在职业教育与大学教育间架起桥梁，为国际生的毕业就业和进一步升学提供了便利条件，也提升了澳大利亚职业教育和培训供应者的国际声誉，每年为澳大利亚吸引了大批国际生。而澳政府又将通过国际生获得的可观收入，用于本国职业教育的再发展中，使澳高职教育有了更充足的经费保障。

（3）渐变性。澳大利亚十分重视与继续教育相关的法律制定和颁布，并会根据社会需求的变化、职业教育发展的规律及实施过程中出现的问题，对相关内容加以完善。如自 1993 年澳大利亚国家培训总局（Australia National Training Authority，ANTA）成立以来，澳大利亚出台的三次国家职业教育规划：1994 年发布的《技术立国战略 1994—1997》；1997 年发布的《通往未来的桥梁：澳大利亚国家职业教育培训策略 1998—2003》和 2004 年发布的《设计我们的未来：澳大利亚职业教育与培训国家战略 2004—2010》，均在不同时期对澳大利亚职业教育的发展愿景、目标及实施策略做了规划。

2. 从结果及实施效果来看，政策具有多举措性、导向性和协同性

（1）产业化创收型的政策导向。高等教育国际化政策导向可划分为以下四种：互相理解型政策导向、技术移民型政策导向、创收型政策导向和能力建设型政策导向。显然，澳大利亚推行的就是创收型政策导向，这与增进互相理解和技术移民政策有重叠，但同时还给所在国家提供教育经济效益和社会回报。采用不同的政策导向会使不同国家的教育国际化走向不同的发展方向、发展道路，并产生不同的发展结果。受澳政府国际教育产业化的政策态度和开拓国际生市场政策的驱动，澳政府对高职教育国际化的着力点在于鼓励 TAFE 学院招收国际生；鉴于亚太地区在世界经济增长中的作用和发展趋势，澳政府又把教育投入方面的国际援助和接受国际生的名额，主要放在了亚太地区。因此，澳大利亚高职教育国际化的着力点在于招收亚太地区的国际生。根据澳大利亚联邦政府教育部 2018 年发布的数据，中国 2017 年再次成为澳大利亚第一大国际生来源国，共有 23.2 万名中国学生在澳留学，比 2016 年增长了 18.4%，占在澳国际学生人数的 28.9%。

（2）多样化互补型的政策措施。为在国际市场上抢占生源，在政策上，澳政府通过赋予院校自主权鼓励海外招生，如相关的财政自治政策、盈利免税政策等；在措施上，澳政府牵头给予有效指导，并建立良性工作机制，如在海外推介宣传上，政府有效组织 TAFE 学院、普通高等院校和企业之间建立合作推广关系，通过在海外举办澳大利亚高职教育展览、新闻发布会等，扩大 TAFE 的国际影响力；在实施机构上，则通过成立澳大利亚教育科学与培训部国际教育司（AEI）、国际教育开发署（IDP）等专门性机构，在世界各地设立办公机构，扩大在海外的招生宣传和留学服务咨询。

（3）一致化协同型的政策环境。教育国际化是项系统工程，一个有效的国际

化政策，主要取决于它与国家经济、社会和文化发展政策的协调程度。在澳大利亚，其国际化政策环境的协同搭建：一是体现在政策从制定到落实的部门或组织机构的协同上，从国家培训总局对高职教育国际化政策、战略规划提出建议，到行业技能委员会（ISC）开发相关的“培训包”，到教育服务部门（ESD）进行课程开发，再到资格框架咨询委员会（AQFAB）执行和完善相应的资格框架，进而到国家职业教育研究中心从各个层面对高职教育国际化进展情况进行信息收集、统计、研究及评估等，多机构和多组织的协同展现了澳高职教育国际化政策从制定到落实的过程。二是体现在不同政策之间的衔接与补充上。TAFE 的国际化活动会影响许多政策领域，如质量保证与资格认证政策、教育援助政策、技术移民政策、签证政策、经济政策、企业贸易政策、文化政策等。因此，在制定高职教育的国际化政策时，澳政府充分考虑了政策的多样性与协同性。三是体现在不同政府部门间工作的协调协作上。如澳大利亚教育部下设的国际教育司专门负责国际教育事项，其主要职能是向国际营销澳大利亚的教育与培训，为澳大利亚教育机构提供国际化指导及其在海外发展时的援助等。国际教育司除了跟贸易委员会进行协作，还在不同国家的不同地区设有分支。在 TAFE 国际化的分工中，澳联邦层面主要是由教育部牵头，建立包括教育部、贸易部、移民与多元文化部、工业部、贸易和旅游协会等在内的跨部门国际教育推广协调机制，各部门间通过签订备忘录等各司其职，保护澳大利亚的国际教育声誉及提供高质量的培训服务等。州/地区层面则主要是负责管理 TAFE 的运行。

综上所述，国际教育已成为澳大利亚经济转型过程中的一个重要产业，澳大利亚高职教育国际化政策更是伴随着高等教育改革和政府相关法律政策的有效实施而不断进行变革、调整与完善。面对高职教育在国际市场运行中的问题与挑战，澳大利亚的政府行为非常积极，重视程度不断加强，管理方式不断科学化，通过减轻院校的行政负担，加强对学生的保护等系统化的措施来持续强化其优势，对澳大利亚高职教育国际化产生了极其重要的推动作用。

第三节 新加坡高职院校国际交流与合作

新加坡 1965 年才从马来西亚独立，在建国仅 40 余年的时间里，就将一个贫困落后的港口城市变成一个现代化国家，成为“亚洲四小龙”之首，这其中职业技术教育功不可没。新加坡经济腾飞“奇迹”的实现与其加强对外交流，有效地培养、吸引、使用和开发国际化技能人才密不可分。

一、新加坡高职教育发展概况

新加坡在 1959 年自治之后开始实行劳动密集型的进口替代式经济发展战略，客观上需要一批与工业发展相适应的技术人员和熟练工人，一直以来单一的普通教育无法满足这类需求，职业教育因此开始受到重视。1954 年，立法委员通过了成立新加坡理工学院的法令，但该校直到 1958 年才开始招生。因此新加坡的高职教育几乎与职业教育同时起步。

1．高职教育起步（20 世纪 60 年代—70 年代后期）

因 1965 年从马来西亚独立出来，新加坡失去了原料供应和商品销售基地。与此同时，英国突然宣布提前从新加坡撤军，致使英军雇佣的三万多名雇员面临失业。面对狭小的国内市场，政府只好把内需型的进口替代式经济发展战略改变为外向型的出口式经济发展战略。于是在客观上就需要有足够的专门技术人员和管理人员以及大批熟练的工人，这样，才能保证引进的外国先进设备和技术发挥其效能。

外向型的经济结构，使得高等职业技术教育一开始就要瞄准国际市场，具备国际化的特点。政府对整个中学教育系统进行了一次改组，除一般中学外，还建立了四种类型的职业学校，工艺学院改组为高等技术训练机构，旨在培养技师。这样就形成了一个由低级到高级的职业技术教育系统，也形成了普通教育与职业教育双轨并行的格局。1968 年新加坡成立了全国工业训练理事会和技术训练局，该局于 1973 年改组为工业训练局。这一时期，新加坡将原为中等职业技术学校的新加坡理工学院改组为以工科为主的技术专科学院。又于 1963 年建立了新加坡义安理工学院，这是一所培养实用型技术人才的综合性高等职业技术学院，原为私立学院，1968 年改为公立大学。新加坡理工学院的改组和义安理工学院的建立，标志着新加坡高等职业技术教育的起步。这一系列的改革都有力地促进了经济的发展，到了 20 世纪 70 年代后期，经济多元化格局已经形成。在此期间，新加坡大学与新加坡理工学院达成协议，理工学院的学生同时具有新大合法的学生资格，其学业水准达到新大要求时，可授予新大的学位。这也是职业教育与普通教育接轨的尝试。

2．高职教育体系的建立（20 世纪 70 年代后期—20 世纪 80 年代末）

20 世纪 70 年代后期，劳动密集型工业不再有竞争力，而且新加坡本身就是劳动力短缺的国家。1979 年，李光耀总理提出了新的被称为“经济重组”或“第二次工业革命”的经济发展战略，要求大力发展资本密集型、高附加值的产业，减少对低工资、劳动密集型产业的依赖。能否提供经过专业技术教育与训练的劳动力成为当时经济发展的关键。

在这样的背景下，新加坡开始进行全面的教育改革，从国家宏观战略的角度来安排职业技术教育。1979 年工业训练局和成人教育局合并为工业与职业训练局，隶属于教育部，负责统筹、协调和推动职业教育和技术训练的各项计划，对劳动力由“量的需求”变成“质的要求”，以满足国家工业化的需求。高职教育在此阶段得到快速发展。“分流制”和“职业资格等级证书”是这次改革的主要成果。在从小学就开始的统一分流教育制度中，职业教育正式被纳入正规教育范围，实现了双轨统一的教育制度。

“职业资格等级证书”与工业与职业训练局所属学校提供的60多种职业技术训练课程相关联，修业期满，可分别获得各种工作能力的证书。在进一步完善的“职业资格等级证书”制度中，新加坡政府为了鼓励职工参加训练，提高技能，规定国家三级公务员证书、三级技工证书、一年或两年的职业训练证书和其他培训课程毕业证书相当于实践毕业水平。国家二级技工证书、工人技师证书相当于高中毕业水平。国家二级公务员证书、一级技工证书相当于大学毕业水平。各种证书之间可以相互衔接。如职工取得了某种相当于高中毕业水平的证书后，就可以参加本专业大学水平的招考与学习。正是由于职业培训证书与正规学历证书建立了一定的等价关系，而政府又实行按学历定工资，这样技术等级与待遇就自然形成了一一对应关系。这对于克服长期以来鄙视职业教育的传统观念，有十分重要的现实意义。

为满足国民经济发展的需要，这一阶段，理工学院的工程技术专业比例大大增加。如1981年成立的南洋理工学院，下设电气与电子工程、土木与结构工程、机械与生产工程等系。除了大量的正规学历教育发展迅速外，各种非正规的职业教育和培训也开展得如火如荼。如新加坡要求企业的工业培训中心把培养标准提高到与职业学院同级水平，开始与国外合作进行职业培训工作，工业与职业训练局直接创办职业（技术）学院。20世纪80年代，除了大力扩充新加坡理工学院和义安技术学院外，经济发展局还借助外国之力，同西德、日本和法国合作建立了三所专科级的德新、法新、日新技术学院。

3. 高职教育稳步发展（20世纪90年代以来）

20世纪90年代开始，新加坡进入了以高科技为主要特点的第三次工业革命。随着外资的涌入，产业结构的调整升级，对劳动者素质的要求进一步提高。这就要求新加坡的职业院校一方面要追随产业结构的升级，及时调整专业，另一方面要根据来新加坡投资的跨国公司先进的技术要求，提前做好培训课程的开发。

1991年，原来的南洋理工学院升格为南洋理工大学，旨在成为一所高质量的综合型大学。随后，新加坡政府兴办了三所大专性质的理工学院：淡马锡理工学院（1990年）、南洋理工学院（1992年）和共和理工学院（2002年）。其中南洋理工学院成立后合并了早年政府和德国、法国、日本合作开办的德新、法新、日新技术学院。这一时期，高职教育出现了多样化的形态：如1990年实施的新学徒制，采用了巴登—乌登堡的“双元制”模式，主要面向能够向员工提供训练的企业。

新加坡理工学院率先于1991年推行“工读双轨计划”。1992年新加坡理工学院开始为私人公司的工业培训人员实行“混合型学徒训练计划”。1992年，成立了直属于教育部的工艺教育学院，以接替职业与工业训练局的工作。

今天，有“亚洲四小龙”之称的新加坡，已形成了一个完整的“立交桥”

式的高等职业技术教育体系。新加坡中学后教育分为大学预科和工艺学院及工艺教育学院，大学预科是为升入大学作准备的，工艺学院和工艺教育学院是高等职业技术教育的第一层次，学制两年；第二层次为理工学院与技术学院，学制三年，直接从高中招生或选拔工艺教育学院的优秀毕业生，为专科层次；第三层次是本科大学教育。新加坡的本科大学教育属于普职混合型，由国立新加坡大学和南洋理工大学承担，学制四年。在新加坡的高等职业技术教育体系内，可以凭学业和课程等成绩转入相应专业的第二或第三年级就读学位课程或者文凭课程，即工艺教育学院的优秀者可申请转理工学院，而理工学院的优秀毕业生，也可往高层上升。这种上下衔接的高等职业技术教育体系，为职业教育学生创造了一条深造的道路，极好地满足了不同人群在不同阶段的需求。

二、新加坡政府的国际化视野与战略

新加坡是一个有着危机意识的国家，它清醒地认识到这个弹丸之地，除了人力资本可供利用和开发，几乎没有其他资源。因此在人才培养上，新加坡政府以超乎寻常的国际化视野为新加坡赢得了一次又一次的发展良机。

1. 国际交流合作政策的演变

(1) 建国之初大量派遣留学生。

新加坡政府提出造就一支世界级劳工队伍的策略。前总理吴作栋认为，我们如果要享受世界级的生活水平，就必须有世界级的工人队伍。1965 年建国之初，新加坡就提出了“教育立国”的目标。20 世纪 70 年代，新加坡政府把“使学生具有走向国际，面向世界的全球性眼光”作为四项教育目标之一。因此，新加坡把培养国际人才作为事关国家未来的大事来抓，此时新加坡国际教育发展的形式主要是鼓励国人出国留学，回来建设新加坡。

(2) 20 世纪 80 年代教育服务贸易理念初现。

1985 年 4 月新加坡政府建立了一个以李显龙为首的经济委员会，委员会集中回顾了二十年来新加坡经济发展的经验教训，发现地理优势弱化、劳动力成本提高、制造业竞争激烈等国内国际的变化。在制订经济发展长远规划的过程中，该委员会提出了对“教育服务产业”发展具有影响深远的观点：教育是急待发展的服务产业，而服务产业是未来经济发展的两大引擎之一。委员会认为：“教育具有巨大的增长潜力，对经济发展具有完全正面的影响，具有巨大的出口创汇潜力。”

在这一基础上，新加坡政府考虑到本国经济的发展主要是靠引进外资和外国先进科学技术，而能够在吸引外资等方面占优势的关键是提供高素质、低成本的人力资源。因此，政府一方面注意控制大学生的数量，另一方面大力发展工艺学院，培养具有高等职业技术、实用的熟练人员，从而有效地控制了社会的人力成本总量。1991 年，新加坡政府制定了名为“新的起点”的跨世纪战略，确定了国家经济发展的国际化战略，要求优先发展服务业，特别是国际服务业。为此，政府明确了高等教育国际化的发展战略，希望利用国际的人才和资源，使新加坡成为国际学术文化中心。但直到20世纪90年代，新加坡一直是留学生的输出国和教育的进口国。

（3）亚洲金融风暴之后教育输入与输出并举。

亚洲金融风暴让新加坡深刻认识到必须发展知识经济，才能摆脱欧美国家的控制和攻击。高素质人力资源的吸引和培养再次成为重中之重。新加坡经济发展局提出了著名的“双翼发展”构想，即一面引进世界顶尖大学（“TOP 10”计划于1998年提出，2003年8月，新加坡又推出了“环球校舍”政策），一面发展国际教育服务贸易，将教育的输入和输出同步进行。首先，新加坡政府希望发挥自身处于东西方交汇的区位优势，通过国际顶尖大学的入驻，吸引一流的专家、学者、学生，高起点、快速度地发展本国高等教育，同时通过各种优惠政策吸引这些顶尖人才留在新加坡。其次，新加坡政府鼓励外国教育机构到新加坡合作办学，为新加坡普通劳动力提供先进的专业技术教育和终身教育，增强劳动者的就业能力。再次，大力推动新加坡教育机构和合作办学机构走出国门，广泛招收亚太各国留学生，希望把新加坡打造为“地区教育中心”。新加坡政府将教育服务产业细分为五类，各级各类院校都有自己明确的任务。如：新加坡国立大学和南洋理工大学只与政府推荐的世界顶级大学合作办学，确保通过国际教育为国家和东南亚地区培养一流人才，使这两所大学进入世界一流大学之列；其他公立院校主要满足本国人民对高等教育的需求，满足各个产业对各类技术和经营人才的需求，同时积极推进国际教育，向外国学生提供教育服务；私立院校则受到政府鼓励，利用世界贸易组织的《服务贸易总协定》（GATS）规则，积极开展国际合作办学，拓展海外教育市场，开设各类学历、非学历的教育培训课程，形成以外国学生为主体的学生群。特别需要指出的是，目前在中国境内十分活跃的职业教育领域开展合作办学的就是以私立院校为主的技术和商科教育。

2. 跨国公司和地区总部计划推进国际化人才的培养

新加坡面积只有719平方千米，却云集着约7 000家跨国公司和10万个中小型企业。在这些企业中，有超过4 000家在新加坡建立了企业总部。目前，世界500强企业中，有80多家在新加坡运作。新加坡在世界经济体系中找到了自己的最佳位置，不断瞄准世界新兴产业，通过引入新兴产业和本地培育，使产业结构不断调整升级。这些跨国公司在新加坡建立地区总部并在全球范围内配置人员，使得一大批国际化人才通过跨国公司的渠道进入新加坡，并引入新的理念、新的经验和先进的技术；同时反过来促进了当地高等院校的国际化进程。高等院校也迅速调整专业设置、课程体系，以提供适应新技术的国际化人才。在新加坡经济进入高科技、高附加值阶段，新加坡政府积极与跨国公司签订人才培训合同，联合制订培训方案，很快就培养出自己的新技术人才。国家需要什么，学校可以立即进行订单式培养，当前来投资的企业基础设施建成时，学校已经“生产”出符合企业需求的劳动力。

3. 政府高度重视国际化职业人才培养

新加坡政府充分意识到，服务于外向型经济的国际化职业人才的培养关乎国家前途，因此十分重视职业教育工作，不断采取措施在行政领导、经费投入、证书制度等方面确保职业教育的重要战略地位。比如，政府在法律中规定：求职者必须接受职业技术培训，使职前培训制度化；凡资本在百万新元以上或雇员在50人以上的企业，必须对在岗职工进行专业技术培训；外资或合资企业，如招聘新籍员工，必须派到投资者母国进行专业技术培训；所有企业必须缴纳职工工资的4%，作为全国技能发展基金。再比如，新加坡理工学院的办学经费75%由政府资助，10%来自于企业的资助，学生的收费只占办学经费的15%；新加坡政府在引进外国先进技术、设备的同时，还引进培训资源，创办培养高级技术工人的训练中心或技术学院。凡是外国大公司或厂商来新加坡投资，新加坡经济发展局都与他们商计开办培训中心的事宜。

4. 重视英语的学习

新加坡有四种语言：华语、马来语、泰米尔语和英语。由于以美国为代表的英语国家实际上是世界先进技术、创新发明的发源地，英语已然成为一种世界语言。为此，新加坡政府提出了坚持英语学习的政策，高等教育机构也使用英语作为主要的学术语言。新加坡前总理李光耀曾指出："英语使我们能直接吸收西方工业的知识和技术，没有对使用英语的坚持，新加坡就不能为她的经济找到新的基础，也就不会具有今天所拥有的国际和地区经济中心的地位。"这种语言政策有利于新加坡接受世界上最新的教育、科技、文化信息，吸收西方先进的文明成果，为新加坡走向国际化、迅速融入国际社会奠定基础，反之也能不断推动其教育（包括高职教育）国际化的进程。这一点在新加坡的发展历史中确实得到印证。

三、新加坡高职院校国际化发展的实践

新加坡主要承担高等职业技术教育任务的是五所理工学院，相当于我国的高等职业技术学院。它们分别是1954年诞生的新加坡理工学院、1963年创办的义安理工学院，以及于1990年成立的淡马锡理工学院、1992年成立的南洋理工学院和2002年成立的共和理工学院。五所理工学院的专业设置互为补充，避免了恶性竞争。新加坡的教育国际化，是从职业教育开始的。

1. 以超前的国际化职业教育理念引领院校发展

新加坡的职业教育，尤其是高职教育自诞生之初，就是为了满足国家外向型经济发展战略的需要，因此从创办伊始就面向世界市场，以符合国际标准的技能去生产能打开国际市场的产品。随着产业从劳动密集型向技术密集型的升级，为了吸引此类产业的外资投入，高职教育又肩负起培养与新型产业相匹配的人力储备的责任。因此教育理念不仅要先进，还要超前。新加坡职业技术教育的发展宗

旨就是：用明天的技术，培训今天的人才，为未来服务。高职教育始终瞄准世界产业技能发展的最前沿，开设的专业富于前瞻性，与经济发展预测和市场需求的联系程度紧密。新加坡高职教育的国际化战略，为新加坡的外向型经济和跨国企业提供了人才保障。

我们可以从五所理工学院的使命陈述和愿景中了解它们先进的教育理念和国际化的发展愿景。

新加坡理工学院的使命宣言是：使我们的学生工作优异、生活精彩，用技能和知识武装成年学习者，增强他们的职业胜任力。愿景是：成为一所领先的学院，使我们的学生为工作、为生活、为世界做好准备。理工学院的教学特别注重超前性和市场性，认为教学必须服务于区域经济和世界经济发展的需要，服务于产业和经济结构调整的需要。

南洋理工学院的使命宣言是：①南洋理工学院将为学生和成年学习者提供优质的教育与培训课程，为他们在未来的生活与事业上做好准备，使他们成为终生学者，为促进新加坡的技术、经济和社会发展做贡献。②南洋理工学院将充分利用自己的资源、专业技能、创新和改革支持新加坡工商界的发展，完善新加坡的全球化努力。愿景是：成为全球卓越的最好的理工学院。为了达到这个目标，该校的承诺是：提供更优质的教学、更优质的课程、更优质的环境、更完善的管理。

义安理工学院的使命宣言是：通过教育与培训培养与经济发展相适应的专业人才。愿景是：智慧相连、人才相牵、创造价值。

淡马锡理工学院的使命宣言是：为中学毕业生和在职成年人适应未来不断变化的社会提供相关的理论知识、终身服务的技能，以及不断改善自我的品质。愿景是：在全球化的教育网络中成为一所世界级的学院，因为我们的教学项目、应用研究、卓越管理和创新企业文化声誉卓著。

共和理工学院的使命宣言是：培养创新的、有企业精神的、有文化的专业人才。愿景是：我们要与利益相关者一起，以基于问题的学习来培养能适应不断变化的世界的人才。

2. 在学习借鉴中形成独特的职教模式

新加坡在职业教育发展过程中，始终注重向职教先进国家学习。比如，“双元制”的职业技术教育制度是德国经济腾飞的“秘密武器”，新加坡在发展职业教育的过程中，对德国这一行之有效的职教模式进行了深入学习。但是，他们也认识到两国国情的不同。20 世纪 80 年代初，新加坡南洋理工学院院长林靖东结合本国实际，提出了新加坡职业和工艺教育的新的办学理念和教学模式——“教学工厂”，把学校按工厂模式办，把工厂按学校模式办，通过“工业项目组”让学生在实际生产操作中学到知识和技能。

虽然“教学工厂”是在“双元制”的启发下，把学校和工厂这二元结合起来的实践，但这种实践充分考虑了国情的差异，主要还是以学校为主位，而不是像德国那样以企业为本位。因为新加坡的企业规模普遍不大，没有专门的具有相当规模的培训中心。新加坡的“教学工厂”是在现有的教学系统的基础上设立的，学校统一领导、统一组织，按统一的教学计划进行。“教学工厂”是“双元制”在新加坡的改造模式。

当然新加坡的各理工学院作为高等职业技术教育的主要承担者，在其或长或短的办学过程中，各自形成了独具特色的办学理念与教学模式。例如共和理工学院采取欧美先进的 PBL（Problem-Based Learning，基于问题的学习）教学法，新加坡理工学院则大力推进“CDIO”（Conceiving—Designing—Implementing—Operating，构想—设计—完成—操作）教学模式，义安理工学院更擅长与国际企业合作开展科研项目等。

3. 课程体系采用国际化认证

课程的国际化是实现高等教育国际化的重要途径之一。新加坡高校普遍重视与工业界及国外高校的联系与交流。在设立一个新的学院、专业甚至课程时，首先考虑的是如何与国内甚至全球在这一领域做得最好的高校建立联系，利用对方的经验和条件来发展自己。这一方法节约了资源，提高了效率。新加坡在技术人才培养的发展过程始终强调“国际人”的质量理念。课程设置上瞄准国际产业技能发展的最前沿，课程计划和开发注重与国际市场紧密结合。新加坡引进美国式的选课制和学分制，增强课程的国际性；重视对课程进行质量控制，实行课程校外评审制度，保证了人才培养质量标准的国际化。南洋理工学院所有专业文凭课程均获得 ISO9002 证书认可；义安理工学院通过了 ISO9001：2000 认证；新加坡理工学院也通过了 ISO9001 和 ISO14001 的认证。

4. 师资培养的各环节均与国际接轨

新加坡理工学院不仅教育理念超前，师资的招聘、培训和使用也与国际接轨。理工学院普遍制订了国际化的招聘政策，在全球范围内招聘高技能教师。如淡马锡理工学院，包括商科系、工程系、设计系、资讯科技系与应用科学系等 5 大系的 29 个专业，均有来自各国的资深教师执教。据不完全统计，如今新加坡的理工学院外籍教师人数占到教师总数的 10%。

在与发达国家的合作中，新加坡始终把对教师的培养放在首位，尽管理工学院的教师绝大多数都有在国外学习、培训的经历，但他们仍然坚持每年送一定数量的教师到国外去考察和进修，目的就是让教师能追踪行业前沿知识。教师通过参加专业展览会、新技术培训、新课程学习、专业项目研究以及出国学习等途径，主动到企业进行调研，预测企业发展趋势，超前 2 ~ 3 年对企业未来发展方向和技术技能进行积极准备。正是由于这些具备国际视野的超前准备的师资，新加坡才可能用明天的技术来培养当下的学生。

当然各理工学院用于师资培训的经费也有充分保证。新加坡理工学院每年教师人均进修费用为 4 000 新元，专业教师隔 2 ~ 3 年就要从事一段时间的工业项目的研制。南洋理工学院从1992年起就建立了专门的“学院员工培训基金”，用于内部员工的培训。

5. 加强院校国际教育交流与合作

（1）招收留学生。

根据新加坡政府的教育国际化的战略，新加坡各级各类学校都提高了留学生的招生比例，努力营造一种“国际化校园”的氛围。据统计，如今新加坡国立的5所理工学院留学生人数超过学校总人数的10%，而义安理工学院的留学生人数已经达到20%。

（2）学生海外经验。

新加坡的理工学院都有让学生前往海外“浸润”式学习或实习的计划，以通过文化交流扩大国际视野。如义安理工学院从2007年开始鼓励所有的在籍学生都要参加至少一项海外学习。

（3）与国外高等教育机构建立合作关系。

新加坡的理工学院普遍都设立了国际教育学院（或国际教育部），旨在与全球教育机构建立交流合作关系。一方面，他们积极与世界顶尖的学院合作办学，学习他们的先进经验，并给学生提供升学通道；另一方面也没有忽视向亚太地区输出自己的职业技术教育。如义安理工学院既与世界顶尖学府美国维诺学院（Wheelock College）、英国泰恩河畔纽卡斯尔大学（University of Newcastle upon Tyne）、美国查普曼大学（Chapman University）联办本科学士学位课程，也与中国武汉科技大学联办物流管理专业大专文凭课程。而新加坡理工学院国际教育部的宣传栏上更是清晰地表明自己的优势所在：新加坡理工学院国际教育部旨在为亚太地区的其他国家提供新加坡理工学院的技术教育。我们在过去五十年中获得的知识和经验，对于培训为亚太经济发展提供产品和服务的技术人员完全胜任。

四、新加坡高职院校国际交流与合作的主要特点及启示

1. 政府的大力支持和宏观布局是高职院校国际化发展的坚强保障

新加坡包括理工学院在内的高校在国际化进程中取得了良好效果，这在很大程度上得益于政府在经济发展的各个关键时期制定的具有远见的政策。新加坡独立后实施外向型经济发展战略，努力把本国经济融合在世界经济之中。为经济服务的职业教育始终保持开放的姿态。新加坡是一个富有忧患意识、具有强烈危机感的民族，正是这种忧患意识和危机感促使新加坡高校时刻瞄准国际市场，按国际化目标要求，在实践中不断推动国际化。政府在引进外资，引进跨国企业，规定企业员工培训经费、培训要求，职业资格证书与就职薪资联动等方面进行系统的规划，有效地整合了国内外资源，也有力地推动了高职院校的国际化进程。

2. 充分利用教育服务贸易

新加坡大学国际化的最重要特点是政策的制定者是新加坡政府。教育服务贸

易对于新加坡而言起到三方面的作用：减少本国人才和资金外流；吸引外国人才和资金；给本地高校引入竞争机制。新加坡在开发教育产业的过程中体现了高度的计划性，通过细分教育市场，将各级各类院校明确分工，有计划、有步骤地引导和推进高等院校的国际化进程，避免彼此盲目竞争。教育服务贸易目前对于中国来讲还只是向世界开放了教育市场，没有很好地利用规则走向开放的世界市场。缺乏宏观战略布局和策略规划是主要因素。

3. 新加坡理工学院胸怀本土面向世界

新加坡理工学院很重视吸收国外的先进经验。“拿来”的同时能根据自己的情况进行消化，善于学习又不失自己本色。国际化思想在新加坡理工学院早已深入人心，成为一种共同的战略愿景，这种战略愿景表现为自上而下的结合，既有学院使命愿景的表达，又落实在教育教学的各个层面，成为院校发展的有机组成部分。

第四节　主要结论

综合美国、澳大利亚、新加坡的高职类院校发展历程及国际交流与合作的经验，虽然三国的历史、政治、经济发展等背景有很大区别，但不难看出，不遗余力地推进国际交流与合作已经成为不约而同的国家或地区战略。

一、教育交流的目的是吸收和借鉴并进而创新

这是任何一个国家、地区和民族开展教育交流最初的出发点和最终的归宿。

任何一个国家、一个地区都有自己的政治、经济、文化和社会背景，而任何先进的教育理念、教育方法其实都有其生产的土壤和孕育的过程，教育国际交流首先是学习，但绝不能止于学习，学习的目的是和本国、本地的实际结合达到借鉴的目的，并通过在实践中的思考不断创新，从而形成自己的特色。美国的高等教育今天能独步天下，也要追溯到当年对于世界发达国家高等教育的吸收和借鉴，但其真正的成功之处在于学习过程中的不断创新。美国的职业教育最初是学习借鉴英国等国，但很快就结合美国国情，形成了自己特有的体系和模式。1861年《莫雷尔法案》产生的赠地学院，是高等教育史上的一次创举，解决了专业人才紧缺的问题。原本主要为转学而设置的社区学院在《退伍军人权利法》颁布后，职业教育的功能得到极大加强，很好地解决了就业问题。澳大利亚的职业教育虽起步较晚，但通过将TAFE学院打造为国际教育的主要机构，构建了一套独特而完备的职业教育与培训体系，有效开拓了国际教育市场。新加坡在建国之初大量派遣留学生，南洋理工学院在借鉴德国“双元制”的基础上，创造了“教学工厂”的职教模式，享誉世界。

二、政府的引导作用无可替代

一个国家或一个地区的政府只有充分认识到国际交流与合作的重要性和必要性，才会从国家、地区战略的高度，制订相应的政策，在国家或地区发展的不同时期，及时引导不同重点的国际交流与合作，服务于国家目标的实现。比如美国20世纪以来，通过法案的方式，设立了多项基金，吸引了国际优秀的学生和研究者，夯实了美国的科研实力。“9·11”之后，美国意识到自己在相当一段时间的故步自封带来的危险，主动调整政策导向，鼓励不同类型学校的学生到世界各地学习，以增进世界了解，维护国家安全。澳大利亚政府则在各个时期，根据外部环境和内部需求，制定相应的政策，以适应职业教育国际化的发展趋势，并立法支持教育服务出口，使澳大利亚成为国际教育服务贸易前五强。新加坡的国家意志在教育国际交流政策上体现得淋漓尽致，尤其是20世纪80年代开始意识到教育服务贸易的前景，“TOP 10”的实施有效地促使了国家从纯粹的教育输入国转变为教育输入、输出并举的国家，成为地区教育中心。

尽管这些国家和地区的政府在高校国际交流与合作中发挥了举足轻重的作用，但是各自政府的角色仍然有所差异。

下表比较了这些国家和地区政府在国际化方面角色的相对力度。

不同国家与地区政府在国际化角色方面的相对力度比较表

政府的角色	美国	新加坡	澳大利亚
政策制度与计划	+	+ + +	+ + +
财政支持	+ +	+ + +	+ + +
教育市场推广	+	+ +	+ + +
促进和签订协议	+	+ + +	+ + +
信息搜集与发布	+ +	+ +	+ + +

同时我们也发现，高等院校自主权越大的国家或地区，其非政府机构、民间组织发挥的作用越明显。美国的情况尤其突出，政府和民间两个方面的积极性，保证了高等院校国际交流与合作的政策不会有太大偏差，也保证了高校国际交流与合作资源的共享性。

三、加强国际交流与合作是经济全球化背景下各国各地区的共同策略

首先，延伸到世界每一个角落的全球化的巨大力量是所有国家在新时期下大力推进高等教育国际化的历史背景。经济全球化趋势必然要求高等教育培养出具有国际意识、熟知国际惯例、在国内和国际上均具有一定竞争力的人才，使人们能了解和尊重不同国家的文化，加强国际理解力。因此，培养“国际人”已经成

为21世纪各国、各地区高等教育的一个重要目标，无论发达国家还是发展中国家或地区，无论研究型大学还是高职院校。

其次，物质资源已不再是经济和社会发展的唯一依靠，信息和知识将成为未来社会发展的主要动力。各国、各地区政府都认识到要想在越发激烈的国际竞争中生存发展，必须提供国际型的产品和服务。而高等教育国际化就成为实现这一目标的途径之一。

再次，随着教育服务贸易的深入人心，教育作为一项重要的服务产业，在世界贸易竞争中也越来越显示出巨大的发展潜力。发达国家或地区比较早地意识到教育服务贸易的巨大市场，发展中国家或地区也在积极寻找比较优势，希望在巨大的教育市场中寻找契机。

四、院校国际交流与合作的驱动力各异

美国、澳大利亚等发达国家职业类院校开展国际交流与合作的驱动力主要是人力资源和国际理解。对于美国的社区学院来讲，鼓励国际交流与合作的目的主要在于增加世界理解，拓展学生的国际视野和多元文化的生存能力。对于澳大利亚，教育出口服务已成为其最主要的服务出口贸易之一，创造了巨额的经济利益。新加坡这样的新兴工业化国家或地区则表现出对优质教育资源的需求和具有比较优势的教育资源输出的双向驱动力，强调能力建设。对于新加坡来讲，院校的国际交流与合作还担负着人力资源建设的责任。

第三章

我国高职院校国际交流与合作

改革开放40年来，中国已成为全球第一大贸易国、第一大出口国，资本、商品和服务与各国的交流互动规模前所未有，经济发展取得了令人瞩目的成就，社会生活发生翻天覆地的变化。高等职业技术教育也历经了快速而不平凡的发展历程，从高等教育的从属和配角地位，逐渐转变为高等教育的重要组成部分，毫无疑问已成为中国高等教育大众化的生力军，为中国经济社会发展、产业升级培养了数以千万计的高素质技能型人才，成为中国高等教育名副其实的“半壁江山”。

回顾中国高职教育发展的历程，国际交流与合作一直是高职教育的一项重要内容。认真梳理中国高职教育发展过程中国际交流与合作的成就、经验和当前面临的主要问题，对于各高职院校厘清今后国际交流与合作发展的思路、服务于“一带一路”倡议，探讨如何为国家经济发展培养和输送具有国际视野的高素质技能型人才，具有重要意义，是新时代对我国职业教育提出的更高要求。

第一节　我国高职院校发展及国际交流与合作

一、高职教育是高等教育体系的重要组成部分

1. 中国高职教育的发展

中国真正意义上的高职教育是在以经济建设为中心的战略转移大背景下开始发展的。为了缓解改革开放后经济快速发展与人才紧缺之间的矛盾，1980年，我国最早举办高职教育的首批13所职业大学在沿海中心城市相继成立，高等职业教育也由此应运而生。

1985年《中共中央关于教育体制改革的决定》首次提出“积极发展高等职业技术院校，对口招收中等职业技术教育学校毕业生以及有本专业实践经验、成绩合格的在职人员入学，逐步建立起一个从初级到高级、行业配套、结构合理又能与普通教育相互沟通的职业技术教育体系”。自此，我国高等职业教育正式纳入国民教育体系。

20世纪90年代“三改一补”方针的实施，高职教育在《职业教育法》和《高等教育法》中法律地位的确立及“三教统筹”，使高等职业技术教育进入一个新的发展阶段。1996年5月15日，全国人大通过《职业教育法》，第一次把高

等职业教育以法律的形式确立下来，从此高等职业教育走上了依法办学的道路。

从20世纪末开始的全国高等院校大规模扩招，以及新世纪初国家把设立高职院校的权利下放到省级人民政府，使高职教育在很短的时间内成为高等教育的“半壁江山”。

根据教育部公开的信息，截至2017年5月，具有高等学历教育招生资格的高职（专科）院校已有1 388所，占全国普通高校数量的52.8%。作为与经济社会联系最紧密、服务最贴近、贡献最直接的高等教育类型，中国高职教育在过去40年里取得了跨越式发展，形成了独具特色的“校企合作、工学结合”的人才培养模式，为经济建设、社会发展、高等教育大众化和现代化建设做出了重要贡献。

2. 高职教育成为中国高等教育体系中不可或缺的重要组成部分

（1）为实现中国高等教育大众化做出了重要贡献。

随着服务社会经济发展能力的逐步提升，高职教育逐步成为高等教育的重要组成部分，为服务国家经济转型升级培养了大量高层次技术技能人才，为实现高等教育大众化发挥了基础性和决定性作用，成为加快推进现代职业教育体系建设的中坚。

1978年，中国的高等教育毛入学率只有1.55%，1988年达到3.7%，1998年升至9.76%。1999年开始大学扩招，高等教育毛入学率快速上升，2002年达到15%，高等教育由此从精英教育阶段进入大众化阶段。国际上通常认为，高等教育毛入学率在15%以下时属于精英教育阶段，15%～50%为高等教育大众化阶段，50%以上为高等教育普及化阶段。

2007年中国高等教育毛入学率达到23%，2010年达到26.5%，2012年达到30%，2016年达到42.7%，2017年已达45.7%。从数量变化上看，1978年我国高职高专院校98所；1997年高职高专院校417所，招生数为43万，在校生数为118万；2008年高职高专院校1 184所，招生数为310万，在校生数为917万。2017年，高职高专院校达到1 388所，招生数为350万，在校生数为110万。高职院校数已占全部普通高校数的52.8%，高职院校在校生数已占普通高校在校生数的41%，院校数、在校生数都占据了中国高等教育的“半壁江山”早已是不争的事实。

（2）形成了高等教育体系框架，丰富了我国高等教育的体系结构 。

若以立法为标志，中国是世界上第一个明确提出高等职业教育概念的国家。1996年颁布并实施的中国《职业教育法》第13条规定：“职业学校教育分为初等、中等、高等职业学校教育。”目前世界上以立法形式明确认定高等职业教育并已实施的国家有瑞士和中国两个，从教育的层次上看，高等职业技术教育是完成基础教育后的专业教育，属于高等教育层次。高等层次的教育分为专科、本科和研究生阶段，目前绝大多数高职院校属于专科层次的高等教育，高职教育丰富和完善了现代高等教育体系。

（3）高职教育优化丰富了高等教育人才培养类型。

现代高等教育体系要求高等教育的规模、结构、质量、效益都能协调发展，以满足社会发展对人才规格的多元需求。中国社会，既需要一批高层次创新人才，也需要大量各级各类、各行各业的生产、建设、管理、服务第一线的应用性、实用性的专门人才。不同规格的人才需要不同类型的高等教育来培养。高等职业技术教育承担着培养“生产、建设、管理、服务第一线的”“数以千万计的专门人才”的重任。

中国传统理念倡导“学而优则仕”和“劳心者治人，劳力者治于人”。传统教育只注重伦理“教化”功能，重德行而轻技艺，而职业教育的发展，尤其是近年来国家把技能型劳动者也列入人才范畴，称为技能型人才，对改变中国几千年的人才观念具有重要的里程碑意义。近年来高等职业学校每年为社会提供大批高素质技能型和高技能型人才，在促进人才基层化、实用化，避免高等教育快速大众化过程中的教育过度、知识失业等方面发挥了重要的作用。前教育部部长周济作过这样的概括：“高等职业技术教育已经成为我国高等教育事业发展的新的增长点，成为我国职业教育事业发展的亮点。”

（4）满足了人民群众对高等教育的巨大需求，促进了教育公平，为实现教育均衡发展做出了重要贡献。

1999 年全国教育工作会议提出要“大力发展高等职业教育”，高等职业教育进入了蓬勃发展阶段，扭转了高等教育资源极度短缺的局面，为全社会尤其是大批适龄青年接受高等教育提供了更多机会，也适应了我国经济快速发展对高素质技能型人才的需要，解决了巨大的劳动力需求，同时也为促进教育公平、实现教育均衡发展做出了重要贡献。

二、高职院校发展面临的新环境与新挑战

1. 经济全球化的宏观背景

从 20 世纪 90 年代开始加速的经济全球化浪潮，正深深地影响着世界经济体系。世界各国都不可避免地融入国际经济大循环中，国际分工越来越细。与此同时，各国根据比较优势理论，都在寻找自身在国际分工中的合理定位。中国要走向国际市场，必然要求各个领域和部门以国际通用标准为准则，同时也要求劳动力市场提供符合国际职业资格标准的专门人才。在日益开放的国际教育市场中，中国高职院校务必把握机遇，一方面取天下之长补己之短，另一方面在全球教育市场中谋求竞争优势。

2. 中国产业升级的现实压力

耶鲁大学管理学院终身教授、经济学家陈志武说，“从历史来看，产业结构本身的变化与教育方式、教育理念和教育结构的变化总是相辅相成的”“一个国家的产业结构决定其教育知识的结构，反过来，教育知识结构又会决定其经济的

产业结构”。世界发达国家从二十世纪五六十年代开始，就将职业教育的重心上移到高等教育水平，以适应先进制造业和现代服务业等新型产业的需要。我国的高等职业技术教育直到20世纪80年代初才开始进入摸索期。中国的产业结构一直无法从劳动密集型向技术密集型转变，这其中当然有中国经济社会发展承受着世界上最大的人口压力的原因，因此在一定时期内需要保持劳动密集型产业的继续发展，以此增加就业岗位、缓解失业。但是，高等教育并没有适时调整培养目标，及时或提前培养出适应于技术密集型产业发展的高技能型人才，也是一个很重要的原因。当前，以体能型劳动力为主的人才结构必须升级为以技能型为主的人才结构，以适应中国新型工业化的发展战略要求。2008年爆发的国际金融危机更使中国产业升级刻不容缓。产业升级必然使部分行业、岗位被淘汰，同时又出现许多新兴的行业和企业。高职院校必须把握中国经济发展、产业升级的脉搏，通过国际交流与合作，掌握先进制造业、现代服务业等新型产业的人才培养标准，尽早提供产业升级需要的人才。

3. 教育服务贸易的潜在机会

加入WTO后，我国做出了开放教育服务领域的承诺，是全世界对教育服务贸易做出承诺的47个国家之一。教育服务贸易使我们在教育发展的视野上着眼世界，突破国界；在教育发展的内容上注重各国经验的共性和个性，相互采借，追求特色和卓越。中国职业教育是最先开放的教育服务贸易领域，国外教育机构纷纷进入中国，抢占教育服务市场。现在中国已经成为世界最大的教育输入国和教育服务贸易市场。高职院校必须主动去适应、迎接和利用它，早主动则早适应，早介入则早收益。不仅要利用教育服务贸易的契机壮大自己，也要择机主动走出国门，参与全球教育服务贸易市场的竞争。

4. 国民对国际化教育内容的实际需要

高职教育的重要功能就是为学生的就业服务。“全球化、通信和运输费用的降低，以不断开放的政治壁垒，共同促进了高技能型劳动力的自由流动”“高技能型劳动力的国际迁移将会是一种常态”。要具备这种迁移能力，首先要了解国际惯例，熟悉国际通行规则，具备国际交往能力。因此，从未来职业竞争力的角度出发，每一位学习者都渴望接受包含国际化元素的教育内容。

另外，中国改革开放四十年来，随着综合国力的提升，我们生活、工作的场所已经与二三十年前大相径庭，世界正在变成一个“村落”。我们的学生将会生活在一个彼此依存的多元文化社会里。高职院校有责任帮助学生加强国际理解，向学生提供了解不同文化的机会，使他们学会与不同文化背景的人合作共事，从而在世界大家庭中、在多元文化氛围中，能够自由、从容地生活和工作。

5. 高职院校发展的内生需求

中国高职院校经过四十年的探索实践，初步形成了自己的办学理念、人才培养模式，取得了很大的成就。但是与世界一流职业院校相比，我们无论是在办学水平、运行机制、管理模式、制度设计等宏观层面，还是在教育理念、师资水平、专业设置、课程体系、评价方式、教学方法等微观层面都还存在一定差距。尤其是高职院校之间个性化、差异化、特色化欠缺。当前，中国高职院校数量急剧增加，国外教育机构也纷至沓来，因此同类院校间潜在的竞争不断加剧，学生和家长拥有更多自主选择的空间。在这样的情况下，利用国内国外两种资源，开发国内国外两个教育市场，整合集中优势，才是未来高职院校发展的必由之路，也是特色化发展的必然选择。

6. 新形势下，高等职业教育发展和管理面临新的挑战

新形势下，高等职业教育发展和管理面临的新挑战：一是“中国制造2025”“互联网+”“大众创业、万众创新”“精准扶贫”“一带一路”等重大国家战略和倡议为高等职业教育培育技术技能人才提出了新要求；二是“简政放权、放管结合、优化服务”的政府职能转变要求，需要教育部进一步改进对高等职业教育的管理方式，切实加强省级教育统筹；三是根据国家深化财税体制改革总体部署，中央财政逐步加大一般性转移支付，减少专项转移支付，主要以“综合奖补”的形式支持省级政府推进高职教育改革发展；四是部分高等职业院校依然存在办学定位不清晰、培养模式不符合技术技能人才培养规律、教师队伍素质不能适应科学技术变革创新步伐、实训条件不足等问题。

三、国际交流与合作是推动高职院校发展的必要途径

目前中国高职院校在发展中普遍存在的问题是：优质教育资源不足，院校特色不明显，国际竞争力不强，专业设置、课程开发针对性和先进性不够，内部管理体制僵化等。要解决这些问题，国际交流与合作将发挥重要作用。

1. 国际交流与合作是开发高职院校资源的重要手段

“资源是大学所拥有或支配的能够实现大学战略目标的各种要素组合，大学只有不断地获取优质外部资源，才能够为自身创造持续竞争优势。”对于任何一所院校来讲，资源都是基础和保障。资源又分为有形资源和无形资源。对于高职院校来讲，有形资源包括基础设施、实验实训装置、资金规模、师资数量、学生规模、管理机构设置、课程体系、教材等；无形资源包括学校声誉和知名度、办学理念、管理水平、运行机制、教学质量、校园文化、教职员工精神、校友支持、与行业企业关系等。要开发和利用好这些资源，既需要内部挖潜，又需要外部补给。从扩大再生产的角度看，大学也需要社会优质资源弥补自身资源的结构缺陷。国际交流与合作可以渗透到高职院校资源开发的许多环节，而且往往具有内部开发所不具备的冲击力和创新性。

2. 国际交流与合作是院校专业建设、课程改革的重要参照

“高职院校建设的重点与核心首先是专业建设，它是体现人才培养质量的重要标志；而专业建设的核心则是课程体系建设，它是提高专业教学质量的核心，

也是人才培养模式改革的重点和难点。”高职院校的专业建设和课程开发需要整合来自企业、行业、院校三方面的资源和信息。与跨国公司合作，可以直接采用其技术标准作为专业标准；与国际行业协会沟通，可以保持专业水平的先进性；与国外院校交流，可以借鉴其成功的课程开发经验。

3. 国际交流与合作是创新内部管理机制的重要推动力

当前，高职院校的内部管理机构与普通本科院校几无二样，无论实际作用大小，均与上级主管部门的条块设置一一对应，一方面造成机构臃肿，人浮于事，行政色彩浓厚；另一方面，诸如工学结合、教学资源管理、企业服务等关键职能因无对应的上级主管行政部门校内也未设专门机构无专人负责。高职院校以培养技术技能型人才和直接服务当地社会经济发展而区别于普通教育，因此在内部机构的设置和管理上，应当满足和体现以上两大特点。国外院校在机构设置、运行机制和管理体制上有不少值得我们学习借鉴的地方。在对外交流与合作过程中对于惯例的打破、体制机制的不适应都会促使高职院校加大内部体制改革的力度，也会促进高职院校再次成为中国高等教育改革的排头兵。

4. 国际交流与合作是院校特色发展的重要渠道

所谓特色发展就是要“有所为有所不为”。世界上无论是一流的研究型大学还是一流的职业大学，都不可能各方面全面开花，而是要突出自己的办学优势，采取差异化战略。

目前中国高职教育院校发展一个不好的势头是：千校一面，缺乏自己的大学精神和独特文化；专业结构设置趋同，不管东部还是西部、无论地方经济和地域优势如何，专业设置都大而全；课程结构也相同，无论软硬件条件是否具备，把示范院校的教学大纲和课程设置一抄了之。国家出台一个政策、教育部出台一份指导性文件、职教专家提出一种课程模式，所有的高职院校都以此为标准，强行照搬。

通过广泛的国际交流与合作，不仅可以更加全面地了解世界职教动态、深刻地厘清自身优势，清晰地确立“异质性”，而且可以更大范围地获取“异质”的优质资源，准确地把握发展趋势，从而有选择、有重点地进行战略规划，而非人云亦云。

5. 国际交流与合作是院校参与国际竞争的必由之路

有学者曾指出，中国的研究型大学走向世界还需假以时日，但中国的高职教育走向世界则是指日可待。的确部分高职院校已经把“走向世界”作为自己的战略目标。但中国高职教育要融入国际高职教育大系统中，确立在国际高职教育领域中的战略地位，首先必须用国际视野和标准来审视自己，找准自己在国际高职院校中的定位，进而明确自己的优势和发展目标。国际交流与合作是一个丰富的资源平台，高职院校需要通过它融入国际高职教育大家庭，扩大国际影响力，提高国际竞争力。

第二节　我国高职院校国际交流与合作的发展历程

在改革开放的宏观背景下，从20世纪80年代初的短期职业大学开始，中国的高职院校不同程度地通过国际交流与合作，面向世界，博采众长，吸收和借鉴各国职业教育的先进经验，引进国外优质教育资源，培养锻炼具有国际视野的师资，开发先进的课程体系等，走出了一条后发追赶型的发展道路。中国高职院校国际交流与合作的历程经历了三个阶段。

一、政府主导阶段（1978—1985年）

中国的教育改革是从恢复高考、恢复学位制等对高等教育的一系列改革开始的，中国的开放也是从选派留学生的高等教育领域的开放起步的。改革开放，不仅成为推动中国经济迅猛发展的动力，也成为高等教育国际合作与交流的力量源泉。刚刚经历“文革”的中国教育界，在一系列宏观政策的有力推动下，通过中国政府直接牵线搭桥，国际交流与合作迅速恢复并全面展开。

1. 政策背景

作为改革开放的总设计师，邓小平同志对于教育国际交流与合作的看法具有前瞻性和战略性。1978年6月，邓小平同志对留学工作做出重要指示：“我赞成留学生的数量增大，主要搞自然科学。要成千成万地派，不是只派十个八个……这是五年内快见成效、提高我国科教水平的重要方法。现在我们迈的步子太小，要千方百计加快步伐，路子要越走越宽，我们一方面要努力提高自己的大学水平，一方面派人出去学习，这样可以有一个比较，看看我们自己的大学究竟办得如何。”“不要怕出一点问题，中国留学生绝大多数是好的，个别人出一点问题也没有什么了不起，即使一千人跑掉一百个，也只占十分之一，还剩九百个。”邓小平还要求：“我们要从外语基础好的高中毕业生中选派一批到外国进大学。今年三四千，明年万把人。这是加快速度发展的办法。”“要做到两个不怕：一是不怕派出去不回来；二是不怕和人家搞到一起，这样才能学到东西。”“两个不怕”的讲话在当时中国政界、思想界极“左”思潮仍阴霾未散的情况下犹如石破天惊，邓小平的讲话被称为派遣出国留学人员的重要讲话，对于开创改革开放时期中国的出国留学工作具有划时代的意义。

从此公派留学一直是高等教育国际交流的重要载体。早期国家公派留学生以研修为主，几乎都学成回国。自费留学和来华留学教育也开始启动，但尚有诸多限制。来华的外国留学生主要是以外国公派为主的计划教育，因此主要集中在少量的本科院校。此阶段留学生的派出和接收都显示出极大的计划性和政策性。校际交流当时暂定在全国重点院校范围内，交流重在学术范围。后来交流扩大到互换教师，但仅限于高等学校根据对外校际交流协议派出任教、讲学及从事合作科研工作的教师。改革开放后，我国陆续恢复了与联合国教科文组织（UNESCO）、世界银行（WB）、联合国开发计划署（UNDP）等组织的合作关系。中国政府主动加强与这些国际组织和外国政府的联系，为教育国际交流与合作搭建平台。比如经济合作与发展组织的许多成员国在中国资助了一批发展项目，相当一部分为职教项目，为中国的学者、职教工提供了出国学习的机会。此外，一整套由世界银行资助的重大项目开始启动。职业院校通过这些项目开始了对国际交流与合作的探索。

1985 年全国教育工作会议发布的《中共中央关于教育体制改革的决定》进一步明确了高等教育国际交流与合作的重要性，指出："教育要面向现代化、面向世界、面向未来。教育体制改革要总结我们自己历史的和现实的经验，同时也要注意借鉴国外发展教育事业的正反两方面的经验……要通过各种可能的途径，加强对外交流，使我们的教育事业建立在当代世界文明成果的基础之上。"

2. 在政府的完全主导下，高职院校国际交流与合作开始起步

改革开放初期，一方面经济建设急需大批应用型、实用型、技术型人才，另一方面传统高校无法满足这些需求。职业大学就是在这样的背景下应运而生的。但是高等职业技术教育在中国还是一个崭新的教育类型，无论是学校定位、人才培养目标、人才培养模式，还是教育理念、专业设置、课程开发、教学方法等，国内都没有现成的经验可以传承。于是中国政府将目光投向国外，尤其是那些发达的工业化国家。德国二战后迅速崛起的秘密武器——"双元制"首先吸引了中国的注意。原国家教委职教司司长刘来泉曾撰文写道："随着改革开放政策的实施，中国政府派出的经济、教育考察团几乎同时对德国职业教育经验产生了兴趣。出于通过改革发展职业教育、促进经济发展、提高人民生活水平的目的，中国政府希望学习和借鉴德国职业教育的成功经验，对此德国政府给予了积极支持。"最初是中德双方进行互访协商。

1983 年，由原国家教委牵头，南京市教育局与德国汉斯·赛德尔基金会合作建设的南京建筑职业技术教育中心（现名为南京高等职业技术学校，创办三年制中职和五年制高职学历教育），开展了中德第一个合作项目。此后，中德两国在职业教育领域进行了一系列卓有成效的合作。由原国家教委批准的"苏州、无锡、常州、沈阳、沙市、芜湖"六个中心城市借鉴德国"双元制"职业教育经验进行改革试验工作；借助实体项目的中心辐射作用，在全国 100 多个单位推广了"双元制"职业教育经验，初步形成了一个学习借鉴、推广成果的网络。中德各层次职业教育代表团参观互访，中方派遣专业人员赴德进修，德方专家来华讲学、指导并开展咨询工作等。德国整个民族都重视实践应用、重视手工艺、尊重技能型人才，这对于中国传统的"学而优则仕"的观念产生了一定冲击。德国职业教育由政府、企业、社会共同办学的多元化主体为中国教育体制改革提供了一种思路。德国职业教育强调适应企业需要，以企业为主体、以市场为导向、以职

业能力为本位的培养模式对刚刚起步的中国职业院校有很好的借鉴作用。虽然教育体制、经济社会发展水平、国情都不同，也不可能完全照搬国外经验，但是处于探索期的高职院校通过这些试点和交流，开始认识到高职教育与普通教育的培养目标不同，因此培养模式也应该有所区别，现有的传统教学模式必须改革。此阶段与“双元制”有关的论文成为职教理论界一大盛景。

在越来越深入的交流中，中国政府也越来越强烈地意识到一定要为经济发展和社会进步赢得时间，因此不能完全依靠自己摸索、总结，完全可以通过学习借鉴发达国家成熟的职业教育，使中国在现代化水平较低、教育资源稀缺的情况下，在较短时间内较快地推进职业教育的改革和发展。因此中国政府一方面加强政府间合作，另一方面积极寻求国际组织的援助。20 世纪 80 年代中期，为推动高等职业技术教育的发展，国家曾从世界银行争取到 3500 万美元的贷款，集中支持 17 所职业大学的发展。现为国家首批 28 所示范高职院校之一的天津职业大学便是 17 所之一。世界银行的贷款在当时中国教育经费严重短缺的情况下，对于提升学校的硬件设施和教师的职教水平起到了关键作用。

总之，项目援助是这一阶段高职院校国际交流与合作的主要方式。因此，高职院校的国际交流与合作从一开始就与普通高校不同，不是从学生的国际流动开始的，而是通过参与政府项目开始的。

二、政府为主、民间为辅阶段（1986—2000 年）

1. 政策背景

党的十四大提出建立社会主义市场经济新体制的要求，各方面都进一步加快了改革的步伐。1993 年印发的《中国教育改革和发展纲要》第 14 条明确提出要：“进一步扩大教育对外开放，加强国际教育交流与合作，大胆吸收和借鉴世界各国发展和管理教育的成功经验。”此阶段公派出国留学除了国家公派，还包括单位公派，高等学校开始越来越多地自主派出人员赴国外学习。出国留学的方针由“按需派遣，保证质量，学用一致”转向“支持留学，鼓励回国，来去自由”，自费出国留学的政策也更加灵活，沿海地区自费出国留学人数逐年攀升。大量出国留学人员促进了来华留学教育的发展。教育部不再把接收留学生的权利限制在少数重点院校，凡是教育部批准的实施全日制高等学历教育的普通高等学校，具有必备的教学和生活条件、教学科研和管理水平，原则上都可以接收外国学生。更多的高校开始主动地招收来华留学生。随着中国经济实力的增强，海外学习汉语的人数日渐增加，汉语专业也成为高校招收来华留学生的主要专业。

1993 年，金陵职业大学与澳大利亚高校合作举办联合课程，成为我国高职领域首例跨国分段式合作办学的个案。相对于出国留学，这种“不出国的留学”——中外合作办学开始发展起来。虽然关于中外合作办学中“教育主权”的讨论一直没有停止过，但这种全新的办学形式在引进国外优质教育资源，培养国内空白、急需专业人才，满足国内旺盛的高等教育需求，缓解教育投入不足，减轻学习者经济负担等方面显示出明显的优势。

1995 年正式颁布实施的《中外合作办学暂行规定》标志着中外合作办学走上了依法办学的轨道。《中华人民共和国教育法》和《中华人民共和国高等教育法》对教育国际交流与合作做出了法律规定，高等学校按照国家有关规定，可以自主开展与境外高等学校之间的科学技术文化交流与合作。沿海地区城市的高职院校的中外合作办学逐步兴起。此阶段政府在高等院校国际交流与合作中依然扮演主角，但民间自发的交流合作日渐丰富。

2. 高职院校国际交流与合作领域不断拓宽

(1) 更多的高职院校受益于政府间合作项目。

中德职业教育合作继续深化。中德两国政府于 1994 年 7 月专门发表了《中华人民共和国政府和德意志联邦共和国政府关于加强职业教育领域合作的联合声明》，这是我国政府与外国政府专门就发展职业教育问题签署的第一个双边协议。在《联合声明》的框架下，成立了中德职业教育联合工作小组，并连续五年进行了政策对话。德国政府同时向我国提供了平行贷款 600 万马克，后来追加到几千万马克，全部用于北京、上海、辽宁三个职业教育研究所的建设。这是改革开放后我国职业教育学术及科研机构与国外机构的第一次正式合作。现三所研究机构目前的名称分别是教育部职教中心研究所、上海市教科院职教所和沈阳师大职教所，一直在中国职业教育领域发挥着决策咨询、学术研究和科研服务的重要作用。这一时期，除了继续和德国政府开展职业教育合作，另一个比较突出的政府间合作项目是中国—加拿大高中后职业技术教育合作项目（简称“CCCLP”项目）。该项目系原国家教委、原国家经贸部与加拿大国际发展署（CIDA）的合作项目。加方提供专项援款，协助我国有关院校发展高中后职业技术教育，采取中加双方组成院校网络的合作形式组织实施。项目从 1991 年开始到 1996 年结束，分三轮实施。中加双方各有 29 个和 33 个院校参加。全国首批 28 所国家示范性高等职业院校之一的邢台职业技术学院和福建交通职业技术学院（原福建交通学校），以及福建机电学校、四川水利职业技术学院、四川工商职业技术学院（原四川轻工业学校）等一大批学校当时都是项目内学校。项目内容是通过在一个具体的专业上进行试点，介绍 CBE（Competence Based Education，能力本位理论），培训教师，添置教学仪器设备，把加拿大的先进教学模式 DACUM 引入专业教学，制定模块式教学计划。项目内学校在师资培养、实验室建设、实践教学水平、与企业联系等方面都得到了全面提升，并且还把经验辐射到学校教育教学、管理的其他方面。中加高中后项目中，加方的援款一定程度上缓解了中国高职教育面临的经费困难的问题，更关键是它为毫无经验的中国职业院校提供了专业建设经费标准和运作模式的范本。在引进 DACUM 教学模式的过程中，项目内学校不是一味照搬，而是在结合中国实际的基础上保证人才培养规格和课程体系与国际接轨。更多的高职院校得益于世界银行的资助。

1990 年我国政府与世界银行签订的《中国职业技术教育项目贷款协定》，为我国职业技术教育的发展筹集了 5 000 万美元的资金，为全国 17 个省（市）及劳动部门所属的 74 所职业技术院校和职业技术教育中心进行硬件武装、技术援助、人员培训等。贷款的绝大部分集中投放在北京、上海、天津、辽宁、江苏五个工业高度发展的省市。这些省市的经济发展速度较快，急需大批高技能人才。以江苏省为例，参加世行贷款第一职业教育项目的高职院校有苏州工业职业技术学院、无锡职业技术学院（首批国家示范性高职院校之一）等。同时世行的贷款要求政府配套资金，实现了以外资促内资的目标。1988 年至 1994 年底，投入项目院校的总资金约为 8 亿元，是新中国成立以来职教战线集中投入强度最大的一个项目。各项目院校设备总值净增的幅度为 300 万元至 1 300 万元，基建投入为 130 万元至 3 500 万元，建筑面积平均增加了 8 000 多平方米。接受世行贷款的 18 所中专学校中有 13 所成为首批国家重点中专，部分中专学校由于基础设施的改善、招生规模的扩大、办学质量的提升，经国家批准开始试办高职教育，也为最终升格为高职院校打下了良好基础。

1990 年，国家教育部又与世界银行签署了《关于实施世界银行贷款职业教育项目的协议》，再次贷款 3 000 万美元，支持了 5 个省（市）的 80 所重点中等职业学校的建设。这些学校中很大一部分后来升格为高职院校。世行的贷款对解决我国职业教育普遍面临的经费困难问题提供了有益的帮助。18 年间，教育部先后两度引进共计 8 000 万美元的世行贷款，加上国内的配套资金，实际总投入达 2.1 亿美元，“极大地改善了当时项目学校的办学条件；更新了项目院校的办学理念；推动了整个国家的职业教育改革；推动了教学的改革；推动了职业教育的管理改革；推动了企业和学校的合作”。

（2）与国外高校自主合作成为新宠。

20 世纪 90 年代开始，在国家留学政策的鼓励下，沿海城市的部分高职院校开始积极自主地与国外高校建立合作关系，主要目的是为学生的海外升学提供渠道。在 20 世纪 90 年代，职业教育还不能被广大民众接受，而当时国内升学又没有机会，一些富裕起来的中国人有一定能力给孩子提供海外继续深造的费用。因此，沿海地区高职院校积极与海外本科院校建立合作关系，为其输送希望继续升学的中国生源。与此同时，一些教育资源过剩的发达国家开始把教育作为一种盈利的产业经营，中国巨大的生源市场吸引了他们的目光。在输送生源的过程中，院校层面的教师交流也随之增多。

（3）中外合作办学开始起步。

1993 年，金陵职业大学与澳大利亚高校合作举办的双联课程，是国内高职教育领域首例跨国分段式合作办学项目。随着《中外合作办学暂行规定》的颁布实施，沿海城市高职院校的中外合作办学开始兴起。中国的高等教育由于封闭多年，受教育理念、学科发展水平、专业设置、教学方法等因素的限制，对国际上的新兴学科知之廖廖；一些传统的专业因为人才需求目标的改变也亟待改进；一些领域急需的人才，国内还一时无法培养。因此这一阶段的中外合作办学项目确实在引进优质教育资源、填补国内空白专业、培养紧缺人才等方面发挥了重要作用。同时，中外合作办学项目满足了家长、学生节省留学成本的愿望，也满足了学校在经费短缺的情况下引进教育资源的迫切需要。

（4）国际职业资格证书的引进初露端倪。

随着中国经济与世界经济更深入地融合，一些国际通行的职业资格证书进入我们的视野。我国原劳动和社会保障部在国际职业资格证书引进与中外合作方面做了大量的工作。如 1994 年至 2000 年，劳动和社会保障部职业技能鉴定中心和英国文化委员会开展“中英职业资格证书合作项目”，建立了一个以职业能力标准为导向的具有国际水平的职业技能鉴定体系。其间，原劳动和社会保障部引进了英国 NVQ 文秘和行政管理人员的标准体系和考评技术。

三、官民并举、规模发展阶段（2001—2009 年）

1. 政策背景

2001 年，中国正式成为世界贸易组织（WTO）成员，对教育服务贸易也做出了一定承诺。根据国际惯例，出于对教育主权的保护，各国都没有开放义务教育市场，中国政府鼓励在高等教育和职业教育领域开展合作办学，但不允许外国机构单独在华设立学校及其他教育机构，并且对中外合作办学实行政府定价。2003 年《中华人民共和国中外合作办学条例》（以下简称《中外合作办学条例》）的出台正是为了更好地与世界接轨，提升中外合作办学的层次和水平。在高等教育国际交流与合作中，中国一直以来都是输入大国，进入 21 世纪，少量高校开始尝试境外办学进行教育输出。《中外合作办学条例》和《高等学校境外办学暂行管理办法》为中国高等教育利用国内、国外两个市场奠定了一定的制度基础。另外，随着中国经济的持续增长，世界上兴起学习汉语的热潮，中国政府紧紧抓住这一契机，在海外设立孔子学院，加大汉语国际推广力度，提升国家软实力。

得益于自费留学程序的极大简化，自费留学生远远超过了公派留学生。公派留学出现的新动向就是以“国家建设高水平大学公派研究生项目”为标志的留学生层次进一步提升。中国政府开始制定积极地吸引来华留学生的政策，如设立政府留学奖学金。教育部正在制订“留学中国计划”，该计划预计到 2020 年，争取在华留学人员总数达到 50 万，实现来华留学人员生源国别和层次类别均衡、多元，目标是将中国建设成亚洲最大的留学目的地国家。进入新世纪，中国政府积极推进与西方发达国家的学历、学位互认，为出国留学和吸引来华留学生以及校际交流合作均提供了更加广阔的空间。

教育部在《2003—2007 年教育振兴行动计划》中明确提出“把扩大教育对

外开放、加强国际合作与交流作为国家教育战略的关键环节。实行‘政府与民间并举、双边与多边并行、兼顾战略平衡、保证重点、注重实效’的方针，推进教育国际合作与交流向全方位、多领域、高层次发展”。

历经多年的改革实践，我国职业教育体系建设不断发展和完善，基本具备输出的实力。2001 年，我国与埃塞俄比亚农业职教合作项目正式启动，标志着中外职教交流与合作进入了一个新的阶段。2008 年，我国帮助埃塞俄比亚在其首都建立了该国第一所大专职业学院，即埃塞俄比亚—中国职业技术学院。教育部委托天津工程师范学院（现天津职业技术师范大学）承担埃中职业技术学院的管理工作，派遣专家并提供师资培训。这是我国首次在境外以中国模式开设的职教学院，也是目前我国在境外开展的最大的政府间教育合作项目，成为职业教育领域模式输出的示范项目。由此，中外职教合作形成了出入双向的新特点。

2. 高职院校国际交流与合作内涵不断丰富

（1）政府间项目效果显著。

进入新世纪后，教育部职成教司与德国国际培训协会（INWENT）共同组织实施了中德职业教育师资培训。第一期项目共培训了 1 000 多位职业学校的老师和 300 多位校长。中国和澳大利亚两国政府在职业教育领域迄今最大的交流与合作项目——“中澳（重庆）职教项目”于 2002 年 3 月开始，2007 年 8 月结束。澳方投入资金 1 942 万澳元，中方配套投入 530 万澳元。项目的资助重点是重庆市五所职业技术学校。重庆市八个部委共同建立职业教育行业协调委员会；开发 425 个能力单元、52 套新课程教材，推动中澳 50 多所职业院校建立合作伙伴关系。重庆市工业职业技术学院等四所高等职业技术学院与澳大利亚相关院校合作，借鉴澳大利亚 TAFE 学院办学经验，开展 C－TAFE 办学模式改革试点工作。澳大利亚国际发展与援助署技术咨询小组认为，项目所取得的成果远远超出了设计文本的预期产出，对促进中澳两国的经贸合作、文化交融和人民友谊，均产生了积极的影响。

据《中国青年报》2009 年 1 月 15 日报道，财政部与欧佩克国际发展基金签署了“云南职业教育项目”贷款协议，这是中方与欧佩克国际发展基金合作的第一个项目。该项目总投资 4. 92 亿元人民币，利用国外优惠贷款 3 200 万美元，国内配套资金两亿多人民币。云南四所高等职业院校成为受益者，分别是昆明冶金高等专科学校、云南机电职业技术学院、云南工业职业技术学院、云南文化艺术职业学院。这些贷款资金将用于这四所高等职业院校的教学楼、图书馆和实验室等设施建设。

（2）大力引进国际职业资格证书及课程体系。

1999 年原劳动和社会保障部与德国技术合作公司的“中德职业资格证书合作项目”，和 2005 年原劳动和社会保障部培训就业司与英国苏格兰资格监管局开展的职业资格证书合作项目—SQA－HND 项目，都有力地促进了我国职业教育人才培养规模和认证与国际的接轨。国家教育部等有关部门也想方设法在职业技术教育中大力引进世界一流的国际职业资格培训和证书。2006 年中国教育部首次引入世界著名企业的职业教育课程体系——日本丰田汽车公司 TEAM21（“面向 21 世纪的汽车技术教育和培训”）课程，这也是丰田汽车公司首次将自主开发的 TEAM21 课程体系捐赠给日本以外的国家。

越来越多的高职院校把国际职业资格证书引入专业教学体系，尤其是新兴行业的国际职业资格证书，如珠宝鉴定师、互联网络专家等，要求学生毕业时既取得毕业证书也获得职业资格证书。部分高职院校直接与国际知名跨国公司加强交流与合作，参照其企业技术标准制定课程标准。

（3）中外合作办学数量蓬勃发展，质量有待提高。

高职专科层次的中外合作办学项目在《中外合作办学条例》颁布之后如雨后春笋般蓬勃兴起。教育部虽然建立了两个平台，但因种种原因，无法获取全国中外合作办学机构和项目的准确信息。以江苏省为例，到 2009 年底，经江苏省审核、审批，报教育部审批、备案的中外合作办学机构和项目共 404 个，为全国第一，占全国中外合作办学机构和项目总数的 1/5。按办学层次分，其中高等学历学位教育 338 项（研究生层次 14 项、本科层次 94 项、专科层次 230 项）。可见高职院校是中外合作办学的主力军。但其中也出现了良莠不齐的现象。《教育部关于进一步规范中外合作办学秩序的通知》（教外综〔2007〕14 号）中明确表示 2008 年前暂停审批高职层次的中外合作办学项目。为此浙江省率先于 2009 年对全省高职层次的中外合作办学项目进行质量评估，也推出了《浙江省高等职业技术教育中外合作办学五年发展规划（2009—2013 年）》（浙教外〔2009〕24 号），对高职院校的中外合作办学进行整体规划。

（4）高职院校开始招收留学生。

由于国家政策的限制和办学实力不足，高职院校招收留学生还是新世纪的事。部分高职院校因为与国外院校交流增多、互访增多，同时随着办学实力的增强，具备了招收留学生的能力，也吸引了部分留学生前来访学，但很少有学生获得中国政府留学奖学金。各省级人民政府设立的奖学金中出现个别高职院校留学生获奖的现象。如浙江省 2009 年开始设立“浙江省政府来华留学生奖学金”，但高职院校招收的外国留学生大多是进修生而非学历生，也主要是学习汉语和有中国文化特色的课程。一些办学质量高、中国文化特色鲜明的学校正努力在招收留学生方面取得突破，但因为办学层次局限于专科，再加上专业、师资等原因，困难仍较大。

（5）学生国际流动人数明显增加。

受学历层次和语言能力的局限，当然还有经费的原因，高职院校学生的国际交流起步较晚、人数也较少，与本科院校的学生国际交流规模不可同日而语。但近年来，这种现象有所改善。高职院校通过友好学校之间的校际交流、短期交换生、寒暑假的海外夏令营鼓励更多的学生参与其中。四川国际标榜职业学院、上海医药高等专科学校、顺德职业技术学院、苏州工业园区职业技术学院等通过组织学生参加国际比赛，积极开拓学生海外实习渠道，推荐学生海外就业。

（6）师资海外培训、交流力度加大。

进入新世纪，高职院校纷纷实现了规模上的跨越式发展，质量建设摆在重中之重的位置。而要提高教育质量，教师是关键。因此全方位的师资培训是新世纪以来各高职院校主抓的一项重点工作，而师资海外培训是其中很重要的组成部分，也是高职院校国际交流的一个重要内容。海外师资培训主要有四种途径：一是通过国家留学基金、省政府留学奖学金等项目的资助；二是参加教育主管部门或一些教育机构组织的专项海外培训项目；三是通过姐妹学校或合作办学院校开展教师培训；四是有目标地选择针对性强的教育机构、跨国公司等进行专业培训。受训的师资也有三种：语言教师、专业教师和管理人员。很多高职院校已经把师资海外培训列入年度财政预算。教育部、财政部拿出 20 亿元投入示范性院校建设中，所有建设学校都将相当数量的经费投入到师资的海外培训上。

（7）校际交流健康发展。

高职院校的校际交流日渐频繁，形式也日趋丰富。人员互访、学术交流、文化交流、科研合作等增进了院校之间的了解。截至 2009 年底，深圳职业技术学院与海外 77 所高校建立起合作关系。上海医药高等专科学院与海外的校际合作项目近 30 项。青岛职业技术学院与 11 个国家和地区的 31 所高校和教育机构建立了稳固的合作关系。

（8）区域性教育国际交流格局初现。

2000 年，设立高等职业技术院校的权利下放到省级人民政府后，高等教育从精英化走向大众化，各地举办高职院校的热情被极大地激发。由于不同地区的经济发展、产业结构、人才需求、政府财力差异很大，因此对于高职教育的发展规划和投入也不尽相同。总的趋势是，外向型经济越明显的省份，对于人才的国际化素质要求越高，因此高职院校的对外开放度越高，国际交流与合作也就越活跃。比如，2003 年，江苏省率先提出并实施教育国际化战略，同年开始率先实施大规模的教师海外培训计划。高职院校专业教师以每年 200 人的规模派出，每年派出 30 名高职院校院（校）长参加海外培训。培训经费则由教育行政部门、学校和个人共同承担。江苏省分别在澳大利亚、英国和加拿大设立了三个海外教育培训中心。而广东省因为毗邻香港的独特区位优势，非常重视与港澳台的交流与合作，深圳职业技术学院率先成为面向港澳台单独命题、单独考试、单独招生的高职院校。云南省的高职院校与越南、老挝的区域交流频繁，招收来自两国的学历留学生。新疆则与中亚地区人员互访密切。

经过近 30 年的发展，中外合作办学成为继公办高校、民办高校之后的第三支办学力量，已经发展为中国高等教育国际化的重要形式。我国高校从 20 世纪

80年代早期就开始探索各种形式的中外合作办学活动。20世纪初，随着我国加入WTO，中外合作办学项目和机构数量快速增长，《中外合作办学条例》进一步规范了中外合作办学项目和机构的具体办学事项，中外合作办学自此进入规范并快速发展阶段。

四、规模发展转向内涵发展、质量提升阶段（2010年—　）

2010年7月29日教育部正式颁布《国家中长期教育改革和发展规划纲要(2010—2020年)》(以下简称《教育规划纲要》）明确职业教育进入十年内涵建设、质量提升阶段。

《教育规划纲要》对中外合作办学进一步做出了总体规划，明确提出：“加强国际交流与合作，探索多种方式利用国外优质教育资源，提升对外合作交流水平；同时鼓励高校积极拓宽合作领域、开展多层次的教育合作及交流，提升高等教育的国际化水平。”这一阶段经过大刀阔斧的规范和整顿，我国的中外合作办学进入一个稳定发展阶段。

“加强国际交流与合作。坚持以开放促改革、促发展。开展多层次、宽领域的教育交流与合作，提高我国教育国际化水平。借鉴国际上先进的教育理念和教育经验，促进我国教育改革发展，提升我国教育的国际地位、影响力和竞争力。适应国家经济社会对外开放的要求，培养大批具有国际视野、通晓国际规则、能够参与国际事务和国际竞争的国际化人才。”“引进优质教育资源。吸引境外知名学校、教育和科研机构以及企业，合作设立教育教学、实训、研究机构或项目。鼓励各级各类学校开展多种形式的国际交流与合作，办好若干所示范性中外合作学校和一批中外合作办学项目。探索多种方式利用国外优质教育资源。”

2013年9月，教育部门首次以“中外合作办学”为主题召开新闻发布会，专题介绍中外合作办学有关情况，此次会议具有历史性突破意义。教育部统计数据显示，“高等教育阶段中外合作办学在校生总数约45万人，占全日制高等学校在校生规模的1.4%；高等教育阶段中外合作办学毕业生超过150万人”。中外合作办学已初具规模，已进入一个数量和质量并驾齐驱的发展阶段，为越来越多中国学生提供了接受高质量本土留学教育的机会。

2014年6月，国务院印发《关于加快发展现代职业教育的决定》，全面部署加快发展现代职业教育，并提出“到2020年，形成适应发展需求、产教深度融合、中职高职衔接、职业教育与普通教育相互沟通，体现终身教育理念，具有中国特色、世界水平的现代职业教育体系”。

加快发展现代职业教育，是党中央、国务院做出的重大战略部署决定。相关的措施包括加强国际交流与合作、完善中外合作机制，支持职业院校引进国（境）外高水平专家和优质教育资源。在经济全球化及《服务贸易总协定》的推动下，中外合作办学已成为现代职业教育的一种新形式。但我们也必须认识到，目前高职中外合作办学还存在不少问题，认真解决好这些问题，对于促进其持续健康发展具有重要的意义。

2015 年 12 月，习近平总书记主持召开中共中央全面深化改革领导小组第十九次会议并发表重要讲话。会议审议通过了中共中央办公厅、国务院办公厅《关于做好新时期教育对外开放工作的若干意见》。会议强调指出，教育对外开放是我国改革开放事业的重要组成部分，要服务党和国家工作大局，统筹国内国际两个大局，提升教育对外开放质量和水平。2016 年 2 月，中共中央办公厅、国务院办公厅印发了该文件，并发出通知，要求各地区各部门结合自身工作实际认真贯彻执行。

实施国际化交流与合作，是高职教育领域对外开放的重要内容。《国家中长期教育改革和发展规划纲要（2010—2020 年）》《关于加快发展现代职业教育的决定》及《高等职业教育创新发展行动计划（2015—2018 年）》均对加强高职教育国际交流与合作做出部署：《国家中长期教育改革和发展规划纲要（2010—2020 年）》将“扩大教育开放……提升我国教育的国际地位、影响力和竞争力”作为目标之一；《关于加快发展现代职业教育的决定》强调“加强国际交流与合作”；《高等职业教育创新发展行动计划（2015—2018 年）》则对“扩大职业教育国际影响”“引进境外优质资源”做出部署。这些文件强调通过“引进”“学习”“吸收”“重建”“共享”“输出”优质职业教育资源，促进我国高等职业教育人才培养质量进一步提高，扩大我国高等职业教育的国际影响力和国际话语权。

2016 年，我国通过教育部（国际合作与交流司）、中国联合国教科文组织全国委员会、外交部（各驻外使馆文化处）等，与欧洲等职业教育发达国家相关教育行政部门、教育机构开展交流与合作。

2016 年，中共中央办公厅、国务院办公厅印发了《关于做好新时期教育对外开放工作的若干意见》，教育部印发了《推进共建“一带一路”教育行动》，这两个文件对新时期我国教育对外开放工作做了全面部署，也为我国高职教育引进境外优质资源，助推国际影响持续扩大、国际话语权不断增强提供了科学的顶层设计。

在高等职业教育领域开展国际交流，坚持眼睛向外，既是高职教育创新发展的重要手段，也契合国家新时期扩大和深化对外开放的需要。与我国以发轫于 1898 年的京师大学堂为代表的普通高等教育发展历程相比，我国高等职业教育从 1987 年首创金陵职业大学起步，以 1999 年发布的《试行按新的管理模式和运行机制举办高等职业技术教育的实施意见》为节点，用 40 年时间，走完举旗起步—规模扩张—方向定位—示范引领四个发展历程，现进入质量全面提升阶段。与国际接轨，创造性发挥“拿来主义”，深化国际合作，是实现我国高职教育弯道超车，进一步提升质量，跻身世界职教之林的不二法门。

第三节　我国高职教育国际化存在的问题

高职教育国际化是社会经济发展到一定程度时职业教育的发展趋势，也是目前高职教育对外开放的要求，随着高职教育国际化程度日益提高，高职院校所开展的国际交流与合作日益频繁。但就目前我国高职院校国际化发展现状来看，与《国家中长期教育改革和发展规划纲要（2010—2020年）》中明确提出的诸如“扩大教育开放”“坚持以开放促改革、促发展”“提高我国教育国际化水平”以及“培养国际化人才”等要求，还是存在一定差距。

教育部关于2016年《高等职业教育创新发展行动计划（2015—2018年）》（以下简称《行动计划》）执行情况及有关工作完成情况的通报显示，我国高等职业教育国际交流与合作成绩已经“显山露水”，在扩大我国职业教育国际话语权与国际影响等方面取得系列成绩。但在实施高职国际交流与合作战略过程中，还存在体制机制、输出模式、教育资源三道“瓶颈”，制约高等职业教育国际化往高水平发展。

一、高等职业教育国际化体制机制仍需完善细化

不谋全局者，不足谋一域。高职教育国际化顶层设计的优劣，直接决定我国高职教育国际化战略兴衰成败。从整个教育领域看，《中华人民共和国教育法》中有明确的“教育对外交流与合作”条款，2012年以来，国家又先后出台《教育部办公厅关于加强涉外办学规范管理的通知》和《推进共建“一带一路”教育行动》两个文件，统筹部署教育对外开放工作。在高职教育领域，《国家中长期教育改革和发展规划纲要（2010—2020年）》《关于推进高等职业教育改革创新引领职业教育科学发展的若干意见》《关于实施国家示范性高等职业院校建设计划加快高等职业教育改革与发展的意见》等文件，都指出要积极开展中外合作办学。如前所述，国家政策层面对高职教育国际化的顶层设计有所考虑，但美中不足的是，这些政策没有形成纵横交错的政策体制，更缺少现成高效的运行机制，在项目运行时有“欲渡黄河冰塞川，将登太行雪满山”的无奈无力感。纵向来看，国家层面的政策文件确定的大多数是“放之四海而皆准”的宏观指导意见，缺少操作性更强的配套实施细则，导致多数高职院校在进行国际化探索时，摸不到“石头”不敢“过河”。各地在落实《行动计划》时，多数省份只做中央文件的“搬运工”，不出台具体措施，在文件中除部分段落有国际交流等字眼表述外，鲜有专门谋划高职教育国际化的政策。横向来看，目前出台高职教育国际化政策的，只有教育部一家在“独唱”，没有由政府多部门奏响“交响乐”，在国家层面，没有多部委参与勠力同心，在省级层面，没有多厅局全力配合形成合力。

二、具有中国特色的高等职业教育输出模式尚未成型

《行动计划》设置了“加强与信誉良好的国际组织、跨国企业以及职业教育发达国家开展交流与合作”“举办高水平中外合作办学项目与机构”等任务，旨在建设并不断扩大具有中国特色的优质职教资源，并将这些优质职教资源向包括我国学生在内的职业教育学生开放。进一步研究全国高职院校开展国际交流的模式，不难发现，大多数高职院校缺乏开展国际交流与合作的内生动力，行为具有“盲目盲从”特征，不清楚为什么开展国际交流与合作，不知道怎样去开展国际交流与合作。项目定位不清、管理模式不科学，导致执行国际交流与合作项目时动机趋同、行为趋同，结果亦趋同。相当部分的国际化项目是低层次的简单重复，满足于以签署合作协议代替深度合作，将师生短期交流视为合作办学。往往是在经济发达、职业教育先进的地区，一些高职院校，甚至一批国家示范骨干高职院校，盲目跟风，出于项目验收、招揽生源及院校声誉等功利性考虑，开展国际化项目。其根源在于我国尚未形成适于在国际上交流的具有中国特色的职教模式，在开展高职国际交流与合作时，缺乏“理论自信”和“道路自信”。

三、我国高等职业教育可供输出的优质资源明显不足

从国际交流与合作的执行情况看，我国通过与信誉良好的跨国企业以及职教发达的国家开展多个方面的交流与合作，走过了学习了解国外先进职业教育理念和教学模式的初级阶段，步入从低水平国际交流与合作迈向中高水平国际交流与合作的发展阶段，出现国外优质职业教育资源输入与部分国内优质职业教育资源输出并存局面。但总体而言，我国高等职业教育可供输出的资源仍然稀缺，主要体现在资金资源、教学资源、人力资源三方面。发展资金基础不足，稳定增长的资金投入机制不完善。高职教育是弱势教育，办学经费欠缺，所以国家出台生均拨款制度。国际化办学相对而言，成本更高，需要政府加大投入、院校增强筹资“造血”功能、社会多元投入。我国在建设教学资源方面重“硬件”轻“软件”。校舍、建筑面积等硬件设备达标方面不亚于职业教育发达国家，但在软的方面，如政策环境、发展氛围、职教理念、人才培养模式、教材及课程等，与职业教育发达国家还存在较大差距，仍不能支撑办“适合的教育”。缺乏具有国际视野的教师队伍、管理团队。高等职业院校管理决策层和教师队伍的视野、思维、理念、情怀决定一所高职院校办学的成败优劣。国际师资不足是掣肘中国高等职业教育国际化的最主要因素，一方面，我国国际师资（外籍教师）的薪酬水平还不足以吸引数量足够多的优秀外籍教师来华任教，针对外籍教师的薪酬制度亟待改革；另一方面，我国高职院校相当一部分从事国际化工作的工作人员（包括管理者和专任教师）外语水平及业务能力还有较大提升空间。

第四章

中外合作办学政策分析

中外合作办学，不仅丰富了我国高等教育理论，逐步形成了崭新的教育理论——中外合作办学教育学，而且拓展了我国高等教育的办学实践，促进了我国高等教育的发展。为推进和规范中外合作办学的发展，我国颁布了一系列相关政策和法律、法规，并在办学实践中不断总结经验，进行修订和完善。

2016 年 4 月，中共中央办公厅、国务院办公厅印发了《关于做好新时期教育对外开放工作的若干意见》，该意见对新时期中外合作办学乃至于整个教育对外开放事业做出了科学的总体设计，是新中国成立以来第一份全面指导我国教育对外开放事业发展的纲领性文件，也是指导未来中外合作办学的纲领性文件。

以《关于做好新时期教育对外开放工作的若干意见》的出台为标志，中外合作办学进入了新的、关键的发展时期。这些新的变化，集中体现在中外合作办学加强顶层设计、制度完善、过程监管、党的建设和理论支撑的政策新趋势。

第一节　我国中外合作办学政策

相对于其他领域，中外合作办学是一个新生事物，中外合作办学政策与法规制定相对较晚。最早的法律依据是 1982 年《中华人民共和国宪法》中所规定的“国家鼓励集体经济组织、国家企业组织和其他社会力量依照法律规定举办各种教育事业”。随着对外开放领域的不断扩大以及教育改革的持续深入，中外合作办学迅速发展，由于中外合作办学在开始阶段缺乏专门政策和相关管理规定，在之后的探索实践中出现了大量问题。直至 20 世纪 90 年代，我国颁发专门政策对中外合作办学活动进行规范，显示出这一领域政策的滞后性。稳健的政策保障是中外合作办学持续发展的动力来源，中外合作办学需要获得政策的支持而蓬勃发展，并依靠政策妥善解决发展中面临的诸多困难和障碍。一方面，中外合作办学要不断争取有关政府或者教育行政主管部门政策的扶助，破解其发展中的“瓶颈”问题；另一方面，中外合作办学中的中方教育机构也要对合作办学机构给予优惠政策，推动其进一步发展，这一点对于不具有法人资格的中外合作办学机构来说更为重要。

法律是中外合作办学维护利益相关方正当权益的基本保障，中外合作办学活动只有遵守法律才能使其发展得到法律的认可和保护。同时，办学本身也需要通过相应的法律来调整，明确合作双方的权利和义务，规范办学的各种活动。

2003 年 3 月国务院颁布《中外合作办学条例》。这是中国政府颁布的第一部关于中外合作办学的行政法规，也是引导和规范中外合作办学行为的最高层次的专门法规。对于中外合作办学合法、有序地发展具有最直接的指导作用。《中外合作办学条例》的颁布实施标志着中国中外合作办学已经进入法制化轨道。为配合《中外合作办学条例》的实施，2004 年 6 月，教育部发布了《中华人民共和国中外合作办学条例实施办法》（以下简称《实施办法》），并对中外合作办学机构设立、活动及管理中的具体规范，以及举办实施学历教育和自学考试助学、文化补习、学前教育等中外合作办学项目的审批与管理做出了具体的规定。之后，我国发布了一系列相关的文件法规。2004 年 9 月发布了《教育部关于设立和举办实施本科以上高等学历教育的中外合作办学机构和项目申请受理工作有关规定的通知》，同年 10 月又发布了《教育部关于发布〈中外合作办学项目备案和项目批准书编号办法（试行）〉的通知》和《教育部关于启用中外合作办学许可证和中外合作办学项目批准书等的通知》，这些都进一步加强了对中外合作办学的管理。

为了引导和促进中外合作办学规范、稳步、健康发展，2006—2007 年，教育部连续发布了《教育部关于当前中外合作办学若干问题的意见》《教育部关于进一步规范中外合作办学秩序的通知》（以下简称《通知》）。《通知》指出虽然教育部已经相继发布了一系列规范性文件，对加强中外合作办学的管理工作发挥了重要作用，但是，中外合作办学在工作中仍存在一些突出问题，要求坚定不移地坚持合作办学的公益性原则，以引进优质教育资源为核心，把握中外合作办学的政策界限，进一步加强中外合作办学过程中的监督管理，重点推进“两个平台”和“两个机制”的建设。

2009 年 7 月，教育部开始组织中外合作办学评估，这标志着中外合作办学评估正式进入制度化与规范化评估阶段。同年，发布了《教育部办公厅关于开展中外合作办学评估工作的通知》，针对社会上的诸多现象，如，一些机构和个人以提供国外大学文凭、学位等名义非法招生、培训和发放虚假学历文凭、学位证书；或租用高校校内及周边场所非法办学，迷惑、欺骗受教育者；部分高校在开展对外校际交流中，缺乏对国外学校的深入了解，项目管理不规范，签订协议不严谨，执行不严格；个别高校借此向学生收取高额学费或增设名目多收费，损害了学生的利益，而采取各种措施，促进涉外办学健康、有序发展，进一步提高高校对外交流合作的水平。

从国家及其教育行政主管部门颁发的各项法律规章和政策的性质来看，可将其分为三类：一是行政法规，如《中外合作办学条例》等。行政法规充分体现了国家意志和政府进行中外合作办学之目的。二是政策规定，如《教育部关于若干中外合作办学机构和项目政策意见的通知》等。这些政策规定是《中外合作办学条例》及其实施办法在实际执行层面的重要补充，是国家教育行政部门在中外合作办学新形势下的不断修正和调整，引导着中外合作办学遵循教育规律，符合教育国际化、国家和社会发展的需要。三是行政监管，如《教育部办公厅关于开展中外合作办学评估工作的通知》等。行政监管体现了国家对于教育这个公共产品进行管理的一种责任关系。尽管目前国家对中外合作办学的行政监管尚不完善，但是政府已经或正在着力于加强行政许可、行政检查、行政处罚等强制监管措施。教育部有针对性地对中外合作办学环节实施监管，保障正常的教育秩序，保护中外合作办学者、中外合作办学机构和受教育者的合法权益。这三类政策相辅相成，并不断趋于完善。

我国高职高专中外合作办学主要政策措施一览表

类别	名称	颁发时间	文件编号
行政法规	《中华人民共和国中外合作办学条例》	2003 年 3 月 1 日	国务院令第 372 号
	《中华人民共和国中外合作办学条例实施办法》	2004 年 6 月 2 日	教育部令第 20 号
政策规定	《教育部关于若干中外合作办学机构和项目政策意见的通知》	2005 年 7 月 21 日	教外综〔2005〕60 号
	《教育部关于进一步规范中外合作办学秩序的通知》	2007 年 4 月 6 日	教外综〔2007〕14 号
	《教育部办公厅关于加强涉外办学规范管理的通知》	2012 年 3 月 29 日	教外厅〔2012〕2 号
	《关于加快发展现代职业教育的决定》	2014 年 6 月 22 日	国发〔2014〕19 号
行政监管	《教育部关于做好中外合作办学机构和项目复核工作的通知》	2004 年 8 月 12 日	教外综〔2004〕37 号
	《教育部关于启用〈中外合作办学机构申请表〉和〈中外合作办学项目申请表〉等事项的通知》	2004 年 8 月 17 日	教外综〔2004〕39 号
	《教育部关于设立和举办实施本科以上高等学历教育的中外合作办学机构和项目申请受理工作有关规定的通知》	2004 年 9 月 10 日	教外综〔2004〕63 号

（续上表）

类别	名称	颁发时间	文件编号
行政监管	《教育部关于启用中外合作办学许可证和中外合作办学项目批准书等的通知》	2004 年 10 月 13 日	教外综〔2004〕72 号
	《教育部关于发布〈中外合作办学项目备案和项目批准书编号办法（试行）〉的通知》	2004 年 10 月 12 日	教外综〔2004〕73 号
	《关于进一步加强中外合作办学监管工作的通知》	2015 年 8 月 27 日	教外司办学〔2015〕1588 号
	《中外合作办学许可证编号办法（试行）》	2004 年 12 月 16 日	教外综〔2004〕85 号
	《教育部办公厅关于开展中外合作办学评估工作的通知》	2009 年 7 月 15 日	教外厅〔2009〕1 号
	《关于开展高职高专中外合作办学试点评估工作的通知》	2015 年 4 月 2 日	教外司办学〔2015〕523 号
通报公示	《关于近期高等学校中外合作办学有关情况的通报》	2013 年 7 月 31 日	教外司办学〔2013〕1210 号
	《教育规划纲要实施三年来中外合作办学发展情况》	2013 年 9 月 5 日	教育部新闻发布会材料
	《教育部关于进一步加强高等学校中外合作办学质量保障工作的意见》	2013 年 12 月 18 日	教外办学〔2013〕91 号
	《教育部加强本科以下层次中外合作办学信息公示工作》	2014 年 10 月 30 日	教育部中外合作办学监管信息平台
	公布中外合作办学督查热线	2014 年 10 月 30 日	教育部中外合作办学监管信息平台
	《关于做好新时期教育对外开放工作的若干意见》	2016 年 4 月 29 日	中共中央办公厅、国务院办公厅

进入 21 世纪后，中外合作办学政策建设的重点在于推动中外合作办学的规范化以及针对办学中存在的问题进行调整。中国针对合作办学的政策、法规逐步在细化、具体化。从另一个角度来看中外合作办学的政策始终存在滞后性。在政策实施过程中曾存在相当多的政策失范现象。中外合作办学的质量引起越来越多的关注。相对于其他国际化政策领域，中外合作办学作为一个新生事物，其政策

尚未达到成熟和完善阶段。

因而要看到，面对经济全球化深入发展、世界格局深刻调整的新形势和全面深化改革的新要求，我国教育对外开放的质量离党的要求和人民的需求还有一定差距，中外合作办学治理体系和治理能力还有待进一步完善。为加强顶层设计，落实《教育部关于当前中外合作办学若干问题的意见》精神，适时推出具有标志性、关键性的改革方案和措施，教育部启动了《中外合作办学条例》及其实施办法的修订工作，这是做好新时代中外合作办学工作的法律保障，有利于促进中外合作办学提质增效、服务大局、增强能力，为提升中外合作办学持续发展能力和水平再添动力。

第二节　我国中外合作办学现行政策的内容和特点

教育对外开放和中外合作办学的根本目的，是中国教育事业的发展和满足人民群众对教育不断增长的需求。中外合作办学已成为我国教育对外交流与合作的一种新形式，成为加快培养社会主义事业各类急需人才的新途径。《中外合作办学条例》从法律上确定了教育对外开放和中外合作办学的成果，在立法上取得了积极的成效。首先，明确了中外合作办学属于公益性事业，是中国教育事业的组成部分。从行政法规的角度给中外合作办学定性，极大地提高了中外合作办学在整个教育事业中的地位。其次，明确了国家对中外合作办学管理的方针，即“扩大开放、规范办学、依法管理、促进发展”。这也是推进中外合作办学发展、加强中外合作办学机构管理的根本指导思想。最后，明确了国家重点支持和鼓励的方向、领域和层次，明确规定引进优质教育资源，鼓励在高等教育领域开展合作，鼓励与外国知名高等学校合作。此外，强调要切实保护中外合作办学者、中外合作办学机构的合法权益。《中外合作办学条例》及其实施办法对引进国外先进教育思想、教学内容、教学方法和管理经验，促进我国教育改革，加强人才培养，优化办学模式，提高教师水平，改善办学条件等方面起到了积极作用。

一、维护教育主权完整

教育主权是国家主权的一个不可分割的重要组成部分，是国家自主地处理本国教育事务以及独立地处理与别国教育合作事务的权力，是国家主权在教育方面的具体体现，也是包容于国家主权之内的涉及教育事务的最终决定权。教育主权从内容上来说包括四个方面：教育立法权、教育投资权、学校审批权和教育监察权。

教育是关系国家主权和安全的社会事业，我国在近代历史上有过丧失教育主权的惨痛教训。教会大学成立之初，清政府对教会大学立案采取“不干涉”政策。追根溯源，主要有四个方面的原因：一是不愿承认，二是不可拒绝，三是韬光养晦的外交策略，四是师法日本。这四个方面与维护国家的教育主权有关。清政府对于教会大学立案问题采取“无庸立案，不给奖励”的政策，恰恰是为了维护国家的教育主权，维护国家利益。这种外交手段一方面在一定程度上维护了国家的教育主权，另一方面为外交纠纷的解决留下了很大的回旋空间，也为今后收回教育权预留后路。教会大学尽管对中国近现代高等教育的产生和发展做出了不可磨灭的贡献，但在发展的中前期，其办学目标与中国实际相脱离，最终造成中国被迫接受西方教会教育，并在教会教育脱离中国教育主权管辖的情况下，形成了被迫“默认”异质文化教育的事实。1924 年随着中华民族民主革命运动的高涨，非基督教运动再掀高潮。全国上下一致要求收回教育主权，开展轰轰烈烈的收回教育主权运动。1925 年“五卅惨案”的发生进一步推动了收回教育主权运动的开展。1951 年新中国接管了教会大学，收回了教育主权。

我国政府正式加入世贸组织后，在教育服务贸易领域做出开放的承诺。因此，在加入 WTO 之初，维护教育主权就成为我国制定中外合作办学相关法规的一个重要出发点。《中外合作办学条例》及其实施办法均围绕维护教育主权制定。

1. 规定办学性质与方针

《中外合作办学条例》第三条规定：中外合作办学属于公益性事业，是中国教育事业的组成部分。这一规定明确了中外合作办学的性质，丰富了中国教育事业的内涵，同时规定“国家对中外合作办学实行扩大开放、规范办学、依法管理、促进发展的方针”。

2. 规定办学原则

《中外合作办学条例》第五条规定：中外合作办学必须遵守中国法律，贯彻中国的教育方针，符合中国的公共道德，不得损害中国的国家主权、安全和社会公共利益。中外合作办学应当符合中国教育事业发展的需要，保证教育教学质量，致力于培养中国社会主义建设事业的各类人才。第七条规定：外国宗教组织、宗教机构、宗教院校和宗教教职人员不得在中国境内从事合作办学活动。中外合作办学机构不得进行宗教教育和开展宗教活动。

《实施办法》第十五条规定：违背社会公共利益、历史文化传统和教育的公益性质，不符合国家或者地方教育事业发展需要的，不予批准筹备设立中外合作办学机构。

这些都集中体现了维护教育主权的理念，确保了开放高等教育市场过程中对国家主权和教育安全的保护。

3. 规定办学审批

《中外合作办学条例》第十二条规定：申请设立实施本科以上高等学历教育的中外合作办学机构，由国务院教育行政部门审批；申请设立实施高等专科教育和非学历高等教育的中外合作办学机构，由拟设立机构所在地的省、自治区、直辖市人民政府审批。申请设立实施中等学历教育和自学考试助学、文化补习、学前教育等的中外合作办学机构，由拟设立机构所在地的省、自治区、直辖市人民政府教育行政部门审批。申请设立实施职业技能培训的中外合作办学机构，由拟设立机构所在地的省、自治区、直辖市人民政府劳动行政部门审批。

《实施办法》第三十六条规定：申请举办实施本科以上高等学历教育的中外合作办学项目，由拟举办项目所在地的省、自治区、直辖市人民政府教育行政部门提出意见后，报国务院教育行政部门批准；申请举办实施高等专科教育、非学历高等教育和高级中等教育、自学考试助学、文化补习、学前教育的中外合作办学项目，报拟举办项目所在地的省、自治区、直辖市人民政府教育行政部门批准，并报国务院教育行政部门备案。

这些条款明确了各级政府教育行政部门对中外合作办学的行政审批权。

4. 规定办学管理

《中外合作办学条例》第八条规定：国务院教育行政部门负责全国中外合作办学工作的统筹规划、综合协调和宏观管理。国务院教育行政部门、劳动行政部门和其他有关行政部门在国务院规定的职责范围内负责有关的中外合作办学工作。省、自治区、直辖市人民政府教育行政部门负责本行政区域内中外合作办学工作的统筹规划、综合协调和宏观管理。省、自治区、直辖市人民政府教育行政部门、劳动行政部门和其他有关行政部门在其职责范围内负责本行政区域内有关的中外合作办学工作。

《中外合作办学条例》第二十一条规定：具有法人资格的中外合作办学机构应当设立理事会或者董事会，不具有法人资格的中外合作办学机构应当设立联合管理委员会。理事会、董事会或者联合管理委员会的中方组成人员不得少于1/2。

《中外合作办学条例》第二十五条规定：中外合作办学机构的校长或者主要行政负责人，应当具有中华人民共和国国籍，在中国境内定居，热爱祖国，品行良好，具有教育、教学经验，并具备相应的专业水平。

《实施办法》第四十条规定：中外合作办学项目是中国教育机构教育教学活动的组成部分，应当接受中国教育机构的管理。实施中国学历教育的中外合作办学项目，中国教育机构应当对外国教育机构提供的课程和教育质量进行评估。

这些条款明确了中外合作办学的宏观管理、内部管理、办学监控等具体内容，彰显了中外合作办学的中国教育主权。

二、保护办学权益最大化

中外合作办学的形式有中外合作办学机构和中外合作办学项目两种。《中外合作办学条例》第二条将“中外合作办学机构”定义为“外国教育机构同中国教育机构在中国境内合作举办，以中国公民为主要招生对象的教育机构”。《实施办法》第二条将“中外合作办学项目”定义为“中国教育机构与外国教育机构以不设立教育机构的方式，在学科、专业、课程等方面，合作开展的以中国公民为主要招生对象的教育教学活动”。这明确了办学主体是中国教育机构和外国教育机构，招生对象为中国公民。

1. 规定保护办学主体权益

《中外合作办学条例》第四条规定：中外合作办学者、中外合作办学机构的合法权益，受中国法律保护。中外合作办学机构依法享受国家规定的优惠政策，依法自主开展教育教学活动。

《中外合作办学条例》第三十四条规定：中外合作办学机构实施高等学历教育的，可以按照国家有关规定颁发中国相应的学位证书。中外合作办学机构颁发的外国教育机构的学历、学位证书，应当与该教育机构在其所属国颁发的学历、学位证书相同，并在该国获得承认。中国对中外合作办学机构颁发的外国教育机构的学历、学位证书的承认，依照中华人民共和国缔结或加入的国际条约办理，或者按照国家有关规定办理。

《中外合作办学条例》第三十七条规定：中外合作办学机构存续期间，所有资产由中外合作办学机构依法享有法人财产权，任何组织和个人不得侵占。

《实施办法》第四十八条规定：举办颁发外国教育机构的学历、学位证书的中外合作办学机构和项目，中方合作办学者应当是实施相应层次和类别学历教育的中国教育机构。中外合作办学机构和项目颁发外国教育机构的学历、学位证书的，其课程设置、教学内容应当不低于该外国教育机构在其所属国的标准和要求。

《实施办法》第四十九条规定：中外合作办学项目颁发的外国教育机构的学历、学位证书，应当与该外国教育机构在其所属国颁发的学历、学位证书相同，并在该国获得承认。

这些条款明确规定保护办学主体的权益，有利于引进更多的优质教育资源，进一步推动了中外合作办学的开展。

2. 规定保护教师和管理者权益

《中外合作办学条例》第二十八条规定：中外合作办学机构应当依法维护教师、学生的合法权益，保障教职工的工资、福利待遇，并为教职工缴纳社会保险费。中外合作办学机构的教职工依法建立工会等组织，并通过教职工代表大会等形式，参与中外合作办学机构的民主管理。

《实施办法》第二十四条规定：中外合作办学机构应当建立教师培训制度，为受聘教师接受相应的业务培训提供条件。

《实施办法》第四十六条规定：中外合作办学机构和项目教师和管理人员的聘任，应当遵循双方地位平等的原则，由中外合作办学机构和举办中外合作办学项目的中国教育机构与教师和管理人员签订聘任合同，明确规定双方的权利、义务和责任。

这些条款明确规定保护教师和管理者的切身权益，有利于调动教师和管理者的工作热情，促进了教师和管理者参与民主管理的积极性，进而保证了中外合作办学的正常进行。

3. 规定保护学生权益

《中外合作办学条例》第三十二条规定：实施高等学历教育的中外合作办学机构招收学生，纳入国家高等学校招生计划。实施其他学历教育的中外合作办学机构招收学生，按照省、自治区、直辖市人民政府教育行政部门的规定执行。中外合作办学机构招收境外学生，按照国家有关规定执行。

《中外合作办学条例》第三十八条规定：中外合作办学机构的收费项目和标准，依照国家有关政府定价的规定确定并公布；未经批准，不得增加项目或者提高标准。中外合作办学机构应当以人民币计收学费和其他费用，不得以外汇计收学费和其他费用。

《中外合作办学条例》第五十二条规定：在中外合作办学机构筹备设立期间招收学生的，由教育行政部门、劳动行政部门按照职责分工责令停止招生，责令退还向学生收取的费用，并处以10万元以下的罚款；情节严重，拒不停止招生的，由审批机关撤销筹备设立批准书。

《实施办法》第四十一条规定：中外合作办学项目可以依法自主确定招生范围、标准和方式，但实施中国学历教育的，应当遵守国家有关规定。

《实施办法》第四十三条规定：中外合作办学项目收费项目和标准的确定，按照国家有关规定执行，并在招生简章或者招生广告中载明。

《实施办法》第四十五条规定：中外合作办学机构和举办中外合作办学项目的中国教育机构应当依法建立学籍管理制度，并报审批机关备案。

这些条款明确规定保护学生的切身权益，并在之后的《教育部关于当前中外办学若干问题的意见》《教育部关于进一步规范中外合作办学秩序的通知》《教育部办公厅关于开展中外合作办学评估工作的通知》等一系列文件中进行重申，确保了中外合作办学在有序的轨道上发展。

三、强化本土实施，保障办学质量

《中外合作办学条例》第三条规定：国家鼓励引进外国优质教育资源的中外合作办学。国家鼓励在高等教育、职业教育领域开展中外合作办学，鼓励中国高等教育机构与外国知名的高等教育机构合作办学。

《中外合作办学条例》第三十条规定：中外合作办学机构应当按照中国对同级同类教育机构的要求开设关于宪法、法律、公民道德、国情等内容的课程。国家鼓励中外合作办学机构引进国内急需、在国际上具有先进性的课程和教材。

《中外合作办学条例》第三十一条规定：中外合作办学机构根据需要，可以使用外国语言文字教学，但应当以普通话和规范汉字为基本教学语言文字。

《中外合作办学条例》第三十五条规定：国务院教育行政部门或者省、自治区、直辖市人民政府教育行政部门及劳动行政部门等其他有关行政部门应当加强对中外合作办学机构的日常监督，组织或者委托社会中介组织对中外合作办学机构的办学水平和教育质量进行评估，并将评估结果向社会公布。

《实施办法》第三条规定：国家鼓励中国教育机构与学术水平和教育教学质量得到普遍认可的外国教育机构合作办学，鼓励在国内新兴和急需的学科专业领域开展合作办学。国家鼓励在中国西部地区、边远贫困地区开展中外合作办学。

《实施办法》第二十五条规定：中外合作办学机构应当按照招生简章或者招生广告的承诺，开设相应课程，开展教育教学活动，保证教育教学质量。中外合作办学机构应当提供符合标准的校舍和教育教学设施、设备。

《实施办法》第五十二条规定：中外合作办学机构和举办中外合作办学项目的中国教育机构应当于每年 3 月底前向审批机关提交办学报告，内容应当包括中外合作办学机构和项目的招收学生、课程设置、师资配备、教学质量、财务状况等基本情况。

《实施办法》第五十三条规定：审批机关应当组织或者委托社会中介组织本着公开、公正、公平的原则，对实施学历教育的中外合作办学项目进行办学质量评估，并将评估结果向社会公布。

这些条款明确规定在中国境内实施的中外合作办学机构和项目必须遵循高等教育教学规律。在按照中国政策要求办学的前提下，大力引进和有效利用外国优质教育资源，实现“不出国留学”的人才培养模式；加强办学过程监控，建立质量评价机制，提高中外合作办学质量，提升国际化人才的培养质量。

四、公益性和营利性兼顾，允许合理回报

1. 中外合作办学的双重属性——公益性和营利性

随着经济一体化进程，中国教育不可避免地受到西方教育的冲击。构成世界贸易组织框架之一的《服务贸易总协定》(以下简称《协定》)，主要规定了缔约方在开展国际服务贸易时必须遵守的基本规则。根据《协定》规定，具有一定资格的境外个人教育服务提供者应中国学校或教育机构聘用或邀请，可以来中国提供教育服务。《协定》第十条第三款规定：除由各国政府彻底资助的教学活动之外，凡收取学费、带有商业性质的教学活动均属于教育服务贸易范畴。按照教育服务贸易目录，分为初等教育、中等教育、高等教育、成人教育和其他教育服务等。国际服务贸易包括四种不同的贸易提供方式：跨境交付、境外消费、商业存在、自然人流动。在四种服务贸易提供方式中，商业存在是一成员方的服务提供者在另一成员境内以商业机构的形式提供服务。如一成员方教育机构或公民在另一成员境内通过设立附属机构，或在该成员境内通过合资、合作的方式提供服务。中外合作办学显然是一种商业存在，但《中外合作办学条例》第三条规定“中外合作办学属于公益性事业”。

对中方来说，这些原则意味着在人才培养过程中既要坚持教育主权，又要成功地利用国外教育资源。对外方来说，则意味着他们实现了知识价值，产权得到了尊重并获得了合理回报。由于中外合作办学是一种与公办教育和民办教育不同的办学形式，中外合作办学具有公益性和营利性双重属性。

2. 中外合作办学合理回报合法化

《中外合作办学条例》第四条规定：中外合作办学机构依法享受国家规定的优惠政策。《实施办法》部分条款规定则更为明确，如：

第四条：中外合作办学机构根据《中华人民共和国民办教育促进法实施条例》的规定，享受国家给予民办学校的扶持与奖励措施。

第二十九条：中外合作办学者要求取得合理回报的中外合作办学机构应当从年度净收益中，按不低于年度净资产增加额或者净收益的25%的比例提取发展基金，用于中外合作办学机构的建设、维护和教学设备的添置、更新等。

第三十一条：中外合作办学者要求取得合理回报的，应当按照《中华人民共和国民办教育促进法实施条例》的规定执行。

《教育部关于当前中外合作办学若干问题的意见》中明确指出："坚持中外合作办学的公益性原则。教育是以培养人才为根本目标的崇高的社会公益性事业。教育服务不是货物贸易，也不同于一般的服务贸易。要正确把握中外合作办学的宗旨和性质。坚决制止以中外合作办学的名义实行乱收费、高收费的行为，防止教育产业化的倾向。"这表明我国关于中外合作办学公益性事业的目标定位，与教育服务发达国家把发展跨境教育作为追求经济利益的目标定位有着明显区别。为了促进中外合作办学的健康持续发展，必须在这两者之间寻找平衡点，使双方达成某种共识，使得中外合作办学的外方办学者既能获得合理回报，又能将这种回报控制在一定的限度之内。

中外合作办学允许合理回报，使其合法营利，极大拓宽了在教育经营、教育融资、办学激励等方面进行制度创新的空间。从保护消费者利益的角度看，政府也可以通过相关法规对中外合作办学的税费水平进行控制，防止暴利和欺骗现象，从而推动中外合作办学的持续、健康发展。

第三节　我国中外合作办学现行政策的主要问题

经过多年的探索与实践，我国颁发了一系列的关于中外合作办学的法律性文件和政策，尤其是《中外合作办学条例》及其实施办法与相关衍生政策，初步形成了较为完善的中外合作办学法律体系。

中外合作办学大力引进国外优质教育资源，借鉴国外先进办学理念和方法，结合我国国情，进行教育教学改革，发展新兴学科和优势学科，培养国际化人才，增强我国大学在国际上的竞争力。同时，为地方经济发展、文化品位提升、国际影响力和综合竞争力的提高做出了贡献，促进了国际交流与合作的进一步深入和持续发展。然而在中外合作办学事业迅速发展的同时，也显现出一些突出的问题。

一、办学政策意向与办学政策环境不配套

《中外合作办学条例》以“中外合作办学属于公益性事业”“国家鼓励引进外国优质资源的中外合作办学”“鼓励中国高等教育机构与外国知名的高等教育机构合作办学”为宗旨，但政策意向不等于政策环境。政策环境是由一系列的配套政策、法规、机制、机构等构成的，包括学历学位互认协议，学历教育资格认定标准，税收、外汇的管理规定，面临纠纷时的法律仲裁程序，政府服务意识等。审批难、时间长、程序烦琐是办学者的共同感受。政策环境不匹配或不到位，意味着中外合作办学的政策风险依然很大，从而抑制了其发展的动力，其“中国教育事业组成部分”的地位也不可能真正实现。

《中外合作办学条例》对中外合作办学机构的设立、组织与管理、教育教学、资产与财务、变更与终止及法律责任等都做了详细的规定。但是，有关中外合作办学的法规在表述上也存在着一些问题，如在中外合作办学中，关于营利性限制和合理回报的问题表述不明确，由于概念不清晰，在实施中难以掌握和规范。另外，现有的法规中还有一些规章不能完全适应世界贸易组织的要求，与中国政府的承诺不完全符合，如“不得以营利为目的”的规定与世界贸易组织的规则不一致，未完全体现我国加入世贸组织的承诺，这些都需要进行修改和完善。

中外合作办学组织和实施过程涉及面较宽。对于管理职能不同的政府各相关部门，当前还缺乏完善的配套政策。在中外合作办学过程中，教育、人事、物价、银行、海关、民政等部门之间的协调和配合不够，缺乏必要的配套政策。例如，从中外合作办学形式上看，办学涉及外资的引入，如何将非营利性办学投资与纯商业性投资企业加以区别，需要外贸、教育、民政等部门制定统一标准；外籍教师的核准，多次出入境签证和长期居留许可，以及合作办学机构的学生出国继续学习所需材料的公证、审批等，同时涉及教育、公安、劳动、公证等部门；外汇支付外籍教师的工资，引进国外的教学仪器、设备、软件，涉及教育、外汇、文化、海关等部门。因此，中外合作办学的配套政策尚待完善。目前相关行政管理部门职能分割，亟须必要的协调机制和有力的监督制度来规范中外合作办学活动，避免管理机构互相推诿，造成审批程序复杂，人为增加办学成本。

二、办学政策有待于进一步修订完善

中外合作办学政策较其办学实践相对滞后，而且《中外合作办学条例》生效已十几年，部分条款已无法适应教育发展的新形势。

随着综合国力的增强以及“一带一路”倡议的逐步推进，我们不仅要输出我

国的教育产品，也应该以更加开放的心态接纳国外的教育，这也是文化自信的内在要求。《中外合作办学条例》中的某些条款已经不适应国际化办学的要求。如第六条规定中外合作办学者不得举办实施义务教育。第二十一条规定理事会、董事会或者联合管理委员会的中方组成人员不得少于1/2。第二十五条规定：中外合作办学机构的校长或者主要行政负责人，应当具有中华人民共和国国籍，在中国境内定居，热爱祖国，品行良好，具有教育、教学经验，并具备相应的专业水平。

这几条涉及的内容未能与时俱进。以英国为例，英国在发展境外合作办学的同时，也允许和支持外国个人与机构在英国独立或与他人合作开办教育机构。对于以社会公益为目的的办学，还可以享受减免税收等优惠政策。对于营利性的办学机构，英国政府除要求依法纳税外，实行政策开放。所以，应对国外的举办者实行国民待遇，除必要的约束外应尽可能开放。

《中外合作办学条例》及其实施办法中，多处提及“参照相关法律”或“国务院有关部门制定”，但这些所谓“相关规定”缺乏明确性与时效性。相关法律、法规需要进一步完善，以减少盲点，增强可操作性，避免在实施中难以准确把握，乃至在事前审批、过程监督、事后评估和查处违法现象时依据不足、力度不够。

中外合作办学的政策法规同样存在着“优质资源”“合理回报”“外国教育机构”等概念上的模糊现象。这需要充分利用WTO规则，明确“合理回报”，积极发挥税收的调节作用，用好这一重要的经济杠杆。此外，对于引进“优质教育资源”的问题，何为优质的教育资源，相关的政策法规也应加以界定。

《中外合作办学条例》的内容主要是规范中外在中国境内的教育合作，而对于中国的学校到外国办学的相关事项没有涉及，这不利于中外合作办学的“走出去”。此外，在西部地区中外合作办学的问题上，我国相关政策法规相对滞后，并未制定优惠以及扶持政策。这些都急待修订完善。

三、办学审批与办学监管职能错位

《中外合作办学条例》第十二条规定：申请设立实施本科以上高等学历教育的中外合作办学机构，由国务院教育行政部门审批；申请设立实施高等专科教育和非学历高等教育的中外合作办学机构，由拟设立机构所在地的省、自治区、直辖市人民政府审批。申请设立实施中等学历教育和自学考试助学、文化补习、学前教育等的中外合作办学机构，由拟设立机构所在地的省、自治区、直辖市人民政府教育行政部门审批。申请设立实施职业技能培训的中外合作办学机构，由拟设立机构所在地的省、自治区、直辖市人民政府劳动行政部门审批。《实施办法》第三十六条规定：申请举办实施本科以上高等学历教育的中外合作办学项目，由拟举办项目所在地的省、自治区、直辖市人民政府教育行政部门提出意见后，报国务院教育行政部门批准，申请举办实施高等专科教育、非学历高等教育和高级中等教育、自学考试助学、文化补习、学前教育的中外合作办学项目，报拟举办项目所在地的省、自治区、直辖市人民政府教育行政部门批准，并报国务院教育行政部门申请举办备案。申请举办颁发外国教育机构的学历、学位证书以及引进外国教育机构的名称、标志或者教育服务商标的中外合作办学项目的审批，参照前款的规定执行。

这些条款明确了中外合作办学机构与项目的审批权限。而对于中外合作办学的监管，《中外合作办学条例》第八条规定：国务院教育行政部门负责全国中外合作办学工作的统筹规划、综合协调和宏观管理。国务院教育行政部门、劳动行政部门和其他有关行政部门在国务院规定的职责范围内负责有关的中外合作办学工作。省、自治区、直辖市人民政府教育行政部门负责本行政区域内中外合作办学工作的统筹规划、综合协调和宏观管理。省、自治区、直辖市人民政府教育行政部门，劳动行政部门和其他有关行政部门在其职责范围内负责本行政区域内有关的中外合作办学工作。

我国高等教育实行分层分类管理，而中外合作办学管理则不然，部属高校的行政主管部门是教育部，中外合作办学审批则须先报省级教育厅批准后，再报送教育部批准。同时由省级教育厅及教育部监管，导致了多头自上而下的管理，自下而上的交叉，出现了管理错位的现象。本科以下或非学历的中外合作办学机构或项目由省级教育行政主管部门或其他相关主管部门管理，而在工商行政管理部门登记注册的经营性中外合作培训机构、中外合作举办职业技能培训项目，则不受现行中外合作办学政策的限制，由此导致了政府规制失灵。

我国鼓励中外合作办学主要是为了引进国外优质教育资源，促进我国教育事业的发展，坚持教育事业的公益性原则，办学者获得适当的经济回报则处于次要地位，主要遵循价值理性的原则，追求其社会效益。鼓励中国教育机构与学术水平和教育教学质量得到普遍认可的外国教育机构合作办学，鼓励在中国西部地区、边远贫困地区开展中外合作办学，鼓励在国内新兴和急需的学科专业领域开展合作办学等。

外国教育机构多侧重于投资回报和经济利益，而中国教育机构更加侧重于引进优质教育资源。由于双方价值取向不一，导致在办学投入、质量保障、收费标准、合理回报、办学规模、教学方式等诸多方面产生分歧。外方付出较高成本来办学，一是出于长远的战略考虑，包括政治文化影响和未来市场竞争；二是出于对现有教育市场的争夺，出于盈利和扩张教育资源的目的，多数是一种商业行为。比如世界经济合作与发展组织中的部分国家（如美国、澳大利亚、新西兰、英国等）在本国生源不足、教育资源过剩的情况下，又受到经济危机的影响，因而主要以经济利益为首要考虑目标。它们将教育作为一种产品进行输出，实行“隐性教育倾销”，由此造成中外合作办学双方利益目标出现巨大的偏差，在执行过程中形成较大的冲突。

从实际执行情况看，机构或项目专业设置趋同严重，本科专业以经济学门类和管理学门类为主，高职、高专以财经类和电子信息类为主。另外，各级各类学校通常身兼政策执行者和目标群体双重角色，经常处于权衡整体利益和局部利益，国家利益、集体利益和个体利益的矛盾之中，这影响着中外合作办学活动的正常开展。

《教育部关于当前中外合作办学若干问题的意见》规定：引进的外方课程和专业核心课程应当占中外合作办学项目全部课程和核心课程的三分之一以上，外国教育机构教师担负的专业核心课程的门数和教学时数应当占中外合作办学项目全部课程和全部教学时数的三分之一以上。力图通过强制性的规定引进国外教育资源，但实际上未达到预期效果。

正如加拿大约克大学教育学院哲学博士查强提出的："在中国高等教育的现有条件下（近年来实现了大众化，但高等教育结构高度层级化），什么形式（如特许办学、结对办学、开设分校）或组合形式的中外合作办学最适合中国的需要？在中国高等教育体系和外国合作者体系之间是否存在互补利益和合力优势？如果有的话，这些合力优势是如何发展的？"

四、办学监管机制缺乏有效性

《中外合作办学条例》及其实施办法明确规定了对办学过程的监管，形成行政主管部门监管、社会中介组织评价、办学主体自律的体系。如"组织或者委托社会中介组织对中外合作办学机构的办学水平和教育质量进行评估，并将评估结果向社会公布"。"中外合作办学机构和举办中外合作办学项目的中国教育机构应当于每年 3 月底前向审批机关提交办学报告，内容应当包括中外合作办学机构和项目的招收学生、课程设置、师资配备、教学质量、财务状况等基本情况。审批机关应当组织或者委托社会中介组织本着公开、公正、公平的原则，对实施学历教育的中外合作办学项目进行办学质量评估，并将评估结果向社会公布。"

中外合作办学监管工作的核心是加强工作管理，提高办学质量，并立足于为社会和中外合作办学机构，特别是为中外合作办学的学生提供更有效的行政监督和服务，为此教育部建立了"两个平台"和"两个机制"。"两个平台"即为中外合作办学监管工作信息平台、中外合作办学颁发证书认证工作平台；"两个机制"即为中外合作办学质量评估机制、中外合作办学执法和处罚机制。这对保证中外合作办学事业健康有序、可持续发展起到了积极的推动作用。如前所述，在目前的教育行政体制之下，中外合作办学活动涉及多个部门（教育部门、劳动部门、工商部门等）和众多国家，涵盖诸多领域和学科，覆盖除西藏、青海和新疆以外的 27 个省市自治区，各级政府教育行政主管部门在资源不足的前提下，很难对全部的中外合作办学活动进行全程、有效的监督。我国社会中介评估组织的发展尚处于起步阶段，评估机构不健全，评估组织和程序、评估人员的专业能力与水平等尚不能满足评估工作的需要，评估结果的权威性与有效性能否得到教育主管部门、办学机构和社会的认同也是未得而知，因此对中外合作办学进行评估、实施有效监管就面临较多困难。地方政府教育行政部门对中外合作办学的监管相对宽松，存在“重审批、轻监管”的现象。同时，依靠办学机构的自觉行为来调适仍有困难，目前尚缺乏有效自律的实现环境。

中外合作办学正处于一个由规模发展向内涵提升的质量办学的过渡时期，既是国外优质教育资源进入我国的意愿不断提高的战略机遇期，又是监管问题日益凸显的矛盾集中期。完善立法，提高政府能力建设，加强合作办学的监管对进一步规范、引导合作办学健康发展具有重要意义，这也是在中外合作办学中必须解决的重大难题。

第四节　我国中外合作办学现行政策的调整

一、教育规划纲要指明了中外合作办学的方向

当前世界格局深刻变化，科技进步日新月异，国际竞争日益激烈。国际竞争是综合国力的竞争，说到底是人才的竞争，是民族创新能力的竞争。国际金融危机更加凸显科技创新的重要性。同时，近些年来，我国的国际地位有了极大的提升，对于重大的国际事务，如果没有中国的参与，就难以解决。但是我国在国际人才培养方面与日益提高的国际地位却不相称。

经济全球化带来了教育的国际化。随着科学技术的发展，国际交通越来越便捷，信息交流越来越快捷，地球变得越来越小，某一国家的某项教育改革得以迅速传遍全世界。教育的开放性和国际性是现代教育的基本特征，具体体现在国际人员交流、财力支援、信息交换（包括教育观念和教育内容）、教育机构国际合作和跨国教育活动等方面。只有面向世界，才能更好地吸收世界上一切优秀文化，充实和丰富我国的教育。教育国际化的另一个重要内涵是培养具有国际视野、关心和了解国际形势和发展、具有国际交往能力的人才。

2010 年 7 月，我国颁布了《国家中长期教育改革和发展规划纲要 2010—2020 年》。《教育规划纲要》是进入 21 世纪以来我国的第一个国家级教育规划纲要，也是落实中共十七大提出的“优先发展教育，建设人力资源强国”的主要举措，为我国教育实现现代化，建设人力资源强国绘制了宏伟蓝图。它的制定既符合中国国情，又体现了时代要求。

《教育规划纲要》在第十六章整个章节中提出，要进一步扩大教育开放，广泛开展国际合作与教育服务。把“扩大教育开放”作为体制改革中的一项重大改革。这既符合国家经济社会对外开放的需求，也符合教育面向世界的必然趋势。

《教育规划纲要》明确提出：“加强国际交流与合作。坚持以开放促改革、

促发展。开展多层次、宽领域的教育交流与合作，提高我国教育国际化水平。借鉴先进的教育理念和教育经验，促进我国教育改革发展，提升我国教育的国际地位、影响力和竞争力。适应国家经济社会对外开放的要求，培养大批具有国际视野、通晓国际规则、能够参与国际事务与国际竞争的国际化人才。”“引进优质教育资源。吸引境外知名学校、教育和科研机构以及企业，合作设立教育教学、实训、研究机构或项目。鼓励各级各类学校开展多种形式的国际交流与合作，办好若干所示范性中外合作学校和一批中外合作办学项目。探索多种方式利用国外优质教育资源。”“提高交流合作水平。扩大政府间学历学位互认。支持中外大学间的教师互派、学生互换、学分互认和学位互授联授。加强与国外高水平大学合作，建立教学科研合作平台，联合推进高水平基础研究和高技术研究。”

上述条文表明国家要对中外合作办学政策进行调整，依然支持中外合作办学，并进一步减少相关限制，落实支持措施。

（1）中外合作办学的外方资质要求放宽。《中外合作办学条例》规定的外方合作者是教育机构，而此处却扩展到科研机构和企业。这不仅预示着我国将加大对外开放，还蕴含着我国对中外合作办学营利性的规定可能发生改变。因为企业追求的是利润，如果国家吸引国外企业来参与中外合作办学，势必允许中外合作办学营利。

（2）中方合作者的资质要求放宽。中国加入世贸组织时承诺向外方开放除义务教育和军事教育以外的教育领域，而本条文却宣布“鼓励各级各类学校开展多种形式的国际交流与合作”，这表明国家对义务教育和军事教育等领域也进行了一定程度的开放。虽然短期内不可能在这些领域开展中外合作办学，但鼓励这些学校主动“走出去”，加强国际交流与合作。这也预示了中外合作办学的一个方向。

（3）国家鼓励中外合作办学的态度不变，并且还要采取具体措施，如办好若干所示范性中外合作学校和一批中外合作办学项目。这条规定预示着国家从口头上转到行动上、从政策上转到资金上，将加大对中外合作办学的支持。有了国家的实际支持，吸引国外优质教育资源才成为可能。

同时，国家大力推进“教育国际交流合作工程”，支持一批示范性中外合作深化办学体制改革试点机构；将中外合作办学作为“深化办学体制改革试点”。这从国家战略高度为我国中外合作办学明确了方向，并提出了具体举措。

二、中外合作办学政策的修正与调整

《教育规划纲要》的实施给中外合作办学带来了新的变化。

2005—2009 年，中外合作办学的政策导向是控制中外合作办学数量、规范中外合作办学行为，最明显的特征是本科及以上层次的中外合作办学获批项目数量少。2005 年没有一个中外合作办学项目获批。2006 年批准了 24 个项目，相对较多。2007—2009 年仅批准了 3 个项目。

2010 年获批的中外合作办学项目得到恢复性增长，共计 38 个。

教育部在《关于公布 2010 年申请的中外合作办学项目部分批准名单的通知》中明确提出："2010 年以前各高等学校提出申请但未获得批准的项目，可以重新申报。我部将按照教育规划纲要的要求，扩大教育对外开放，鼓励引进外国优质教育资源，规范办学，依法管理，推进中外合作办学科学发展。"这表明教育部贯彻执行《教育规划纲要》的精神，改变以前对中外合作办学项目审批过严的做法，意味着 2010 年以前未被批准的中外合作办学项目很可能在今后获得批准。之后，教育部在《关于公布 2010 年申请的中外合作办学项目第二批批准名单的通知》中重申："我部将按照教育规划纲要的要求，扩大教育对外开放，鼓励引进外国优质教育资源，实现中外合作办学项目审批常态化，推进中外合作办学科学发展。"这再次表明教育部在《教育规划纲要》的指导下，改变了以前的审批态度，降低了审批门槛。

1. 行政法规修改

2013 年 7 月 18 日，国务院公布《国务院关于废止和修改部分行政法规的决定》（国务院令第 638 号）。《中外合作办学条例》部分条款被删除或修改，包括：删除第二十五条第一款"中外合作办学机构聘任的校长或者主要行政负责人，应当经审批机关核准"。将第四十三条第二款"中外合作办学机构住所、法定代表人、校长或者主要行政负责人的变更，应当经审批机关核准，并办理相应的变更手续"。修改为："中外合作办学机构住所、法定代表人的变更，应当经审核机关核准，并办理相应的变更手续。中外合作办学机构校长或者主要行政负责人的变更，应当及时办理变更手续。"

这两个条款的修改，充分体现出我国依法推进行政审批制度改革和政府职能转变，发挥教育行政主管部门服务高校的职能，促进和保障行政管理由事前审批更多地转为事中、事后监管，逐步完善现代大学制度，进一步激发高校办学的创造活力，扩大办学自主权。

2. 项目行政审批改革试点

《中外合作办学条例》规定本科以上合作办学项目须上报教育部审批。在 2010 年全国教育工作会议上，浙江省获得教育部批准的教育改革试点。2012 年，教育部在浙江启动"本科以上中外合作办学项目行政审批改革试点"。浙江省成为唯一的试点区。改革试点后，浙江省内所有高校（包括浙江大学）的中外合作办学项目，均由浙江省审批。至 2013 年 3 月，根据浙江省经济社会发展的需要，浙江省教育厅已审批了 13 个项目，主要是软件工程、土木工程和通信工程等专业。

改革试点采取"谁主管，谁审批；谁审批，谁负责，谁监管"的方式，将项目行政审批权下放，进一步确保了中外合作办学项目与地方经济发展的适应性，极大提升了国际化人才对地方经济发展的智力支撑力。同时，简化了审批手续，提高了审批效率，将工作重点放在规范办学和提高人才质量上。

3. 办学模式改革试点

2010 年 12 月 20 日，教育部再次公布一批教育改革试点地区名单和方案，其中，北京市 11 所高校开设的 10 个战略性新兴产业本科新专业，作为国家教育体制改革的试点，进行高水平中外合作办学模式改革试点探索。

改革试点的总体目标是瞄准首都现代产业发展的重点领域，采取政府主导、高校实施的方式，引进国外优质教育资源，吸引世界一流大学与北京市高校开展合作办学，集中力量办好一批高水平、示范性中外合作办学项目，以中外合作办学为载体，提高北京市中外合作办学水平，创新中外合作办学机制，培养国家所需要的复合型、创新型、国际化人才，满足多样化教育需求，推进教育体制机制改革创新，提高教育国际竞争力。

改革试点的主要内容：一是围绕首都现阶段重点发展的产业领域，即高新技术和现代制造业、文化创意产业、金融产业和现代农业，确定合作办学的专业领域，并围绕教育部批准北京市 11 所高校开设的 10 个战略性新兴产业本科新专业，即纳米材料与技术、物联网工程、能源化学工程、能源经济、新媒体与信息网络、新能源材料与器件、新能源科学与工程、智能电网信息工程、资源环境科学与工程、数字电影技术，开展高水平中外合作办学。二是创新工作方式。中外合作办学项目申报都是由学校提出报政府审批的自下而上的行为，此试点项目尝试由政府牵头引进优质教育资源，创办首都紧缺、急需、空白的中外合作办学专业，由学校组织实施，采取自上而下的方法。这有利于在总体上对中外合作办学进行规划，更具有针对性，有利于提高学校的办学积极性、引进优质教育资源，提高合作办学水平。具体做法是动员并通过招标的方式确定组织实施项目的部分高校，必要时由政府带队赴国外邀请合作方来京合作办学。

试点按照《中外合作办学条例》及其实施办法的规定实施，对国外高水平大学提出的要求，如遇与现行政策不符，将视情况适当放宽。主管部门将缩短审批时限，简化审批手续，批准学校出国洽谈或由北京市教委组团出国举办推介会。北京市教委要求中方学校充分了解开展该试点项目的政策，以及相关学科专业居于世界前列的国外大学的情况，双方建立充分的沟通合作意向，必要时由政府出面邀请。

该项目的保障措施是：①试点项目将积极争取由北京市财政投入部分资金，实施项目的学校可投入配套资金，以降低学费，吸引优秀生源，提升办学软、硬件的质量，改善办学环境，提高办学水平。②特事特批，疏通渠道，保障学校赴国外洽谈或政府相关人员带队赴国外宣讲政策，邀请国外大学来京。③建设一支优秀的团队，负责项目实施。④支持试点学校合作举办新的专业。

4. 建立教育国际合作与交流综合改革试验区

2012 年 12 月，教育部分别与湖南省人民政府和宁波市人民政府签署了共建教育国际合作与交流综合改革试验区协议。

建立教育国际合作与交流综合改革试验区，是教育部贯彻落实党的十八大精神和《教育规划纲要》要求，推进新时期教育国际合作交流事业发展的一项重要举措，也是构建教育部与省市合作长效机制、推进教育改革发展的重要途径。教育部统筹谋划、协调推进，制订教育国际合作与交流综合改革试验区建设方案，启动了湖南省和宁波市综合改革试验区的建设。

综合改革试验区建设的重点是立足湖南省、宁波市教育国际化实际，结合区域经济和社会发展需求，推进中外合作办学、来华留学生培养、国际化人才培养、汉语国际推广等改革试点工作，提升湖南省、宁波市教育国际化水平，全面推进我国教育改革发展和教育对外开放。

2013 年 3 月，教育部与宁波市政府在共建的教育国际合作与交流综合改革试验区召开联席会议，这标志着该试验区的建设工作正式启动。未来 5 年，试验区将结合国家教育国际合作与交流试点工作需求和宁波的发展实际，着力探索高校中外合作办学的新机制。在职业教育领域，宁波也将构建国际化的产学研合作和政校企结合的新机制，促使职业教育“走出去”。在高中阶段，引进开设中外课程体系和国际大学先修课程，促进中外课程体系相互融合，探索国际教育合作新途径，鼓励建立姐妹学校等合作关系；创新来华留学生培养机制，与有条件的企业合作建立来华留学生实践实习基地；加强对发展中国家的教育援助。

其目标是通过 5 年的建设，把试验区打造成与宁波现代化国际港口城市相适应的国际教育服务中心和我国区域教育国际化改革创新示范区。

5. 中方教育机构“走出去”

2013 年 5 月 16 日，浙江大学与英国帝国理工学院就建立联合学院事宜签署了《浙江大学—帝国理工联合学院合作谅解备忘录》。根据协议，浙江大学将在英国帝国理工学院西校区建立海外校区，建设工作将于 2014 年开始实施，这是中国高校首次在世界名校建设海外校区。

英国帝国理工学院是位居世界一流大学前列的高校，作为专精于工程和医学的大学，它与麻省理工学院在全世界享有同等的声誉。同时与牛津大学、剑桥大学、伦敦政治经济学院、伦敦大学学院并称为英国的“G5”精英大学，在 2012 年《泰晤士报》全球大学排名中名列第 8 位。

浙江大学—帝国理工联合学院在高层次、高水平国际合作办学模式上积极探索，联合学院将在伦敦和浙江两地办学，在联合办学的过程中，形成互利互赢、可持续发展的合作办学模式。通过开展平等、双向的深度战略合作，加快浙江大学建设世界一流大学的步伐，以办学水平和研究能力的提升来支撑我国和浙江区域经济社会更好、更快地发展。

第五节　我国中外合作办学现行政策修正的研究

对现行政策进行修改完善，需在保持政策的稳定性、连续性的基础上，增强其实效性。政策的稳定性、连续性，是推进中外合作办学持续、健康发展的前提。政策的实效性则要求政策要遵循中外合作办学规律，保证办学有序有效。

一、关于“四个三分之一”的规定

中外合作办学的核心任务之一是“引进外国优质教育资源”。为此，《教育部关于当前中外合作办学若干问题的意见》明确规定引进的外方课程和专业核心课程应当占中外合作办学项目全部课程和核心课程的三分之一以上，外国教育机构教师担负的专业核心课程的门数和教学时数应当占中外合作办学项目全部课程和全部教学时数的三分之一以上，即日常所说的“四个三分之一”。“四个三分之一”对引进外国优质教育资源作了定量规定，已成为中外合作办学评审、日常监管、评估等的重要指标依据。

《中华人民共和国中外合作办学条例实施办法》要求在中外合作办学教学过程中开设关于宪法、法律、公民道德、国情等内容的课程；规定教育教学应当遵守国家有关规定。我国高等教育的教学活动，需在人才培养方案下进行。教学计划作为人才培养方案的主要组成部分，规定了相应的教学组织与安排。长期以来，我国普通高等教育按课程类别主要分为理论教学和实践教学两大部分。2007年2月，《教育部关于进一步深化本科教学改革全面提高教学质量的若干意见》明确规定要高度重视实践环节，提高学生实践能力。要大力加强实验、实习、实践和毕业设计（论文）等实践教学环节，特别要加强专业实习和毕业实习等重要环节。列入教学计划的各实践教学环节累计学分（学时），人文社会科学类专业一般不应少于总学分（学时）的15%，理工农医类专业一般不应少于总学分（学时）的25%。2012年3月，《教育部关于全面提高高等教育质量的若干意见》（即高教三十条）明确指出强化实践育人环节，制定加强高校实践育人工作的办法。结合专业特点和人才培养要求，分类制定实践教学标准。增加实践教学比重，确保各类专业实践教学必要的学分（学时）。加强实践教学管理，提高实验、实习实训、实践和毕业设计（论文）质量。新增生均拨款优先投入实践育人工作，新增教学经费优先用于实践教学。实践教学作为教学的重要组成部分，在“四个三分之一”中未作明确要求；规定的外方讲授课程，是指讲授引进课程，还是讲授中国本土课程也较模糊，进而导致了规定内容的缺失。

二、“四个三分之一”的实效性

2012年1月19日，教育部学位与研究生教育发展中心下发了《关于发送中外合作办学评估试点结果的通知》，提供了参评中外合作办学的94个机构和项目的具体评估结果和主要统计数据。根据评估方案，“四个三分之一”主要涉及“师资队伍”“教学组织”。两个评价指标（评估结果的平均合格率分别为55.40%、59.71%，有条件平均合格率分别为38.16%、33.93%）在八个评价指标中分列倒数第一位、第二位，大大低于总体评价的平均合格率65.54%、有条件平均合格率27.07%。

具体表现为：

（1）优质教育资源引进与国家发展中外合作办学的目标和要求还存在较大差距。参评办学机构和项目多数未达到引进要求。如外方教师讲授专业核心课程的学时数占总学时数的比例达到1/3的机构仅为10%，项目仅20%。本科层次中，仅有50%的机构和20%的项目引进的外方课程占全部课程的比例达到1/3。

（2）引进优质教育资源缺乏可持续的经济支撑。主要办学经费来源于向学生收取的学费、书费、住宿费，基本没有其他经费支持。有近1/3的机构和13%的项目处于亏损状态，年度经费结余为负。这种情况下，引进优质教育资源缺乏基本的经济支撑。

（3）任课教师学历层次与现有办学体系相比整体偏低。大部分机构和项目的任课教师以硕士为主，任课教师中硕士比例过半的机构占60%，项目占39%。个别机构和项目任课教师以学士及学士以下人员为主。

虽然只是对4个省份进行评估，但上述问题基本反映了中外合作办学的现状，办学质量确实令人担心。“四个三分之一”对规范办学确实起到了至关重要的作用，但其实效性同样需引起重视。

三、中外合作办学的教学

专业教学计划的制订，需结合学校办学历史和办学特色，既要符合教育部《普通高等学校本科专业目录和专业介绍》的要求，也要满足相应专业教学指导委员会、专业认证标准的规定。

1. 具有中国特色的课程设置

我国高等教育在人才培养过程中，无论是何所学校、何类专业，都需设置具有中国特色的课程体系。中共中央宣传部、教育部《关于进一步加强和改进高等学校思想政治理论课的意见》规定设置“马克思主义基本原理”（3学分）、“毛泽东思想和中国特色社会主义理论体系概论”（5学分）、“中国近现代史纲要”（2学分）、“思想道德修养与法律基础”（2学分）四门必修课；“当代世界政治与经济”（2学分）一门选修课。以上即为具有中国特色的“两课”，此类课程至少设置4门，计12学分、192学时。

中共中央宣传部、教育部《关于进一步加强高等学校学生形势与政策教育的通知》规定形势与政策课按平均每学期16周，每周1学时计算。此课程贯穿本科的4个学年，计2个学分、128学时。

教育部印发的《全国普通高等学校体育课程教学指导纲要》规定普通高等学校的一、二年级必须开设体育课程。此课程计4学分、144学时。

教育部、卫生部、共青团中央《关于进一步加强和改进大学生心理健康教育的意见》规定开设“大学生心理健康教育”课程，计2学分、32学时。

教育部、总参谋部、总政治部印发的《普通高等学校军事课教学大纲》规定以军事理论教学为重点，开齐技能训练课目，开足理论教学内容，保证落实36个学时的理论教学时数，完成2~3周、不少于14天的技能训练时间。

按上述规定，具有中国特色的课程至少开设8门，合计22学分、532学时。另开设的“大学外语”课程，共16学分、256学时。

由此可知政治理论课、大学外语等课程至少开设9门，合计38学分、788学时。

2. 理论课程的设置与分析

机械类专业是我国传统的四大工科类专业之一，也是我国各理工科院校的传统专业之一，素有工科类“第一专业”之称。以机械类专业为例，我国机械类专业教学计划具有以下特点：

（1）加强基础、拓宽专业、增强适应。

（2）强化素质教育，注重能力培养。

（3）注重工程实践教学。

（4）提倡培养模式的多样化。

通过调查可知我国机械类专业教学计划的学分普遍规定为170~180学分。以最高限180学分计算，实践教学不应少于总学分（学时）的25%，至少为45学分。理论教学最多为135学分，多数高校规定1学分为16学时。因此，理论教学学时最多为2 160学时。同时，每门理论课程平均为3学分，因此，理论课程最多不超过50门。

我国多数院校规定理论课程按课程类别分为公共基础课程、学科基础课程、专业基础课程和专业课程。

公共基础课程包括高等数学、线性代数、概率统计、大学化学、计算机语言等课程。因此，学科基础课程、专业基础课程、专业课程共占理论课的45%~50%，54~60学分，864~960学时，考虑到部分专业基础课程和专业课程为2学分，其课程门数最多为22~24门。

专业核心课程一般是指以一个专业中具有该专业特色、最具核心价值的理论和技能为内容的课程；而专业基础课程是掌握专业知识技能必修的重要课程，一门课程可以是多个专业的基础课。鉴于各院校对专业核心课程、专业基础课程的不同理解，同时结合院校办学特色，每所院校对机械类专业核心课程的设置不尽相同，但原则上专业核心课程都不超过学科基础课程、专业基础课程、专业课程的50%，为10~12门。按上限计算，专业核心课程约12门、36学分、576学时。

3. 中外合作办学教学活动的分析

根据“四个三分之一”的要求，需同时达到：

（1）引进的外方课程/全部课程大于 1/3。即引进的外方课程/50 > 1/3，至少引进外方课程 17 门。

（2）引进的专业核心课程/全部核心课程大于 1/3。即引进的专业核心课程/12 > 1/3，至少引进专业核心课程 5 门。

（3）外方讲授的专业核心课程数/全部课程数大于 1/3。即外方讲授的专业核心课程/50 > 1/3，外方讲授的专业核心课程至少为 17 门。

（4）外方讲授的专业核心课程学时数/全部课程学时数大于 1/3。即外方讲授的专业核心课程学时数/2 160 > 1/3，外方讲授的专业核心课程学时数至少为 720 学时。

分析可知：

（1）由于受到专业核心课程数量的限制，导致上述第一项与第三项之间产生矛盾。

（2）第一项与第三项之间的本质区别不明显，有重复限制趋向。

四、“四个三分之一”的修正建议

中外合作办学教学活动的实践证明由于大一学生外语听力、应用能力较弱，公共基础课程（除大学外语）若引进外方课程或由外方讲授，不符合人才培养规律，导致教学效果差，达不到合作办学的目的，而具有中国特色的“两课”、体育、军事等课程不可能引进外方课程和外方讲授。

根据我国高等教育办学的实际，结合中外合作办学的特点，建议进行如下修正：

在不包括公共基础课程（除大学外语）及具有中国特色的“两课”、体育、军事等课程的基础上，改为以下两个“五分之二”和两个“二分之一”：

（1）引进的外方课程/全部课程大于 2/5；

（2）引进的专业核心课程/全部核心课程大于 1/2；

（3）外方讲授的专业核心课程/全部课程大于 1/2；

（4）外方讲授的专业核心课程学时数/全部课程学时数大于 2/5。

另可对实践教学提出相应的要求。从成本补偿原则上来讲，也可适度减轻学生的学习成本。

《中外合作办学条例》及其实施办法颁布实施至今已逾十几年，部分条款暴露出一定的滞后性和局限性，难以满足现阶段中外合作办学发展的需要，亟须修订和完善，以解决教育对外开放中出现的新情况、新问题。

针对《实施办法》中有些条款与中外合作办学新实践有所不适应及存在调整乏力或缺失的现象，国家层面已经启动了《实施办法》的修订工作，并强调做好思想准备、理论准备和舆论准备，力求尽快完成修订工作。

按照简政放权、放管结合、优化服务的总要求，教育部国际合作与交流司已组织有关力量起草中外合作办学领域的三个重要指导性文件，分别是《关于做好高等学校赴境外办学有关工作的通知》《关于高等学校举办中外合作办学机构和项目有关条件的通知》《关于做好高等专科教育中外合作办学工作的通知》。据悉，三个文件已基本完成面向省市、高校征求意见工作，正在进一步修改完善。

第五章

中外合作办学模式及高职中外合作办学现状

2007年4月，教育部颁布《教育部关于进一步规范中外合作办学秩序的通知》，经过二十几年的发展，中外合作办学面临着转型和升级：在继续保持规模发展的基础上，需要通过政策引导逐步提高办学水平和人才培养质量，同时也要加强对中外合作办学的理论研究，使中外合作办学的成果惠及更多受众，从而推动中国教育改革。

中外合作办学之初由于并没有预设一种固定发展范式和相关的活动规则，致使在理念、体制以及法制监管等方面出现了一些问题。任何一种教育形式都需要根据其特点和性质以一定的办学模式进行实施。没有科学合理的办学模式，中外合作办学无法有效进行；即使构建了一定的办学模式，如果模式过于僵硬、呆板，同样会影响合作办学的效率和效益。因此，我们必须在纷杂的办学模式中，通过科学合理的方法，为中外合作办学确立适合各种办学内容和性质的办学模式，并运用辩证唯物主义的发展观来审视各种办学模式之间的内在联系及其可能存在的发展趋势。

第一节　中外合作办学模式概述

一、中外合作办学模式的界定

潘懋元和邬大光认为，高等教育办学模式是在一定历史条件下，以一定的办学思想为指导，在办学实践中逐步形成的规范化的结构形态和运行机制。它是有关办学体制、投资体制、管理体制与高等学校之间形成的相对稳定的权力结构和关系。一般来说，办学体制、管理体制、投资体制共同构成高等教育办学模式的三要素，这三个方面在总体上构成一个相互制约的体系。从其内涵和外延上讲，既有相互重叠的部分，又有各自独立存在的属性。

高等教育的办学体制是指高等学校与举办者之间的关系，包括不同办学主体关系所构成的一个国家的高等教育办学模式。高等教育的投资体制是指筹集高等教育经费的运作方式。高等教育管理体制是指各级政府对各种形式的高等教育的管理和监督方式，本质属性是政府的宏观调控、管理和监督。在政府对高校的高等教育宏观管理中，办学体制的改革就是办学模式的改革，它制约着管理体制和投资体制。在一定意义上说，办学体制决定管理体制，影响投资体制，而投资体制在一定条件下又决定办学体制和管理体制。

依据上述高等教育办学模式的界定，中外合作办学模式就是“在一定历史条件下，以一定的办学思想为指导，根据不同的中外合作办学内容和特点，在办学实践中逐步形成并构建的规范化的结构形态和运行机制”。“‘根据不同的中外合作办学内容和特点’突出的是依据引进的教育内容的特点的重要性，不能生搬硬套。”“在办学实践中逐步形成并构建的规范化的结构形态和运行机制”是指模式的发展既是一种自然的发展过程，同时还要增加人为塑造和建设的含义。这是因为合作办学的教育内容在办学层次、投资力度以及合作周期上存在极大的不确定性，由于中外合作办学模式的初期发展往往呈现无序状态，需要加大规范和管理的力度，铺设较理想的发展模式和轨道，以便达到健康成长的目的。

在中外合作办学模式中，办学体制、投资体制以及管理体制依然是制约办学模式的主要因素，但是它们之间的作用方式较之宏观的高等教育系统来说有较大的差别。管理体制的主体及其活动由政府对高校的管理转换为高等学校内部协调各种关系和资源。这里的投资体制体现为中外各方为中外合作办学筹集教育经费的运作方式。办学体制上，突出表现为不同的中外教育主体以各种不同的相关方式构建不同的办学模式。

因此，中外合作办学体制、投资体制以及管理体制之间既相互重叠又有较大独立性。其中投资体制是核心，有什么样的投资体制，就有什么样的管理体制，从而形成某种特定的办学模式。也可以说，一种办学模式的性质和特点在很大程度上是由投资体制决定的，由此影响到其管理体制问题。

二、中外合作办学模式研究的意义和目的

目前中外合作办学已从规模数量发展转入质量内涵提升时期，随着获准中外合作办学的项目数量与日俱增，体制上的规范化缺失成为影响发展的最大问题。而规范化正是办学模式的典型特征，通过对中外合作办学模式的探讨，我们试图在一定程度上解决以上问题。

第一，通过研究中外合作办学模式，可以厘清目前的各种办学模式，分析各自的利弊得失，去其糟粕，取其精华，合理分类，准确定位，最终为构建优化的中外合作办学模式和体制奠定基础。只有在全面了解各种中外合作办学模式的基础上，才能趋利避害，实现中外合作办学的体制创新，促进该项事业的快速、健康发展。

第二，可以力争避免原有僵化的办学模式对中外合作办学产生负面影响。任何一个国家的高等教育办学模式都是经过长期历史沉淀而形成的规范化形式。而正是这样的规范化特点导致很大程度的惰性，即为了保留特点而形成了一种长期不变的习性，这样模式很可能走上偏执、僵化、极端的道路。我国高等教育办学

模式深深印刻着计划经济的烙印，与逐步走向正规发展轨道的市场经济之间发生明显的矛盾冲突。由此高等教育封闭的教育模式、单一的投资体制、相对集权的管理方式、较弱的市场竞争力和教育经营意识等弊端不同程度地显现出来。这样对于依附于我国高校的中外合作办学项目和合作办学机构来说，无疑已经产生或即将产生负面影响。研究中外合作办学模式就是要探讨一条全新的办学之路，避免再受原有不利的办学模式的影响和干扰。

第三，中外合作办学模式的研究，可以为中外合作办学的实践和发展提供科学的理论支撑。要确定一种或几种较理想的规范化的办学模式，仅仅依靠各种模式的自由发展，或者简单的分类归纳是不够的，必须在理论、实践以及技术等多个层面上进行广泛的可行性研究，提出较标准化、规范化、科学化的办学模式，经过局部实践的验证，然后才能够在更大范围内推广应用。没有理论支撑而构建的办学模式，或者只凭一段时间验证成功的办学模式，往往因经受不起历史和实践的考验而宣告破产。

第四，中外合作办学模式的研究是中外合作办学自身健康发展的需要，同时也是高效管理的需要。为了中外合作办学的健康发展，我们必须在其自由、无序的发展中，认真研究，探索规律，寻求秩序和规范。而最佳办学模式的确立和规划又可以极大程度地提高各级教育行政主管部门的办事效率，避免因定性、分类等方面的困难而延误中外合作办学的发展。

三、中外合作办学模式的构成及其内在联系

根据目前存在的各种办学模式，按照组织要素的构成以及组织设置原理，中外合作办学模式可以划分为独立设置的中外合作办学机构以及非独立设置的中外合作办学机构（二级学院）和项目两大类。形式上具有相对独立性的各种组织形式，也存在着潜在的和可能的历史发展性，即可能由一种办学形式向另一种办学形式转化或发展，这已被很多办学实践所证实。具体地讲，中外合作办学的项目模式可能逐步发展至中外合作办学二级学院模式，由此最终达到独立设置的中外合作办学机构的办学模式。

中外合作办学一般起步于项目的合作，在成功合作的基础上，逐步扩大为合作创办二级学院。目前一些二级学院已达到一定的规模，但尚未形成独立办学的条件和管理能力，所以还需继续发挥一级大学的孵化器作用，需要一级大学的哺育和扶持，一旦形成相对独立的办学能力之后，如果继续保留在“母体”之中，会因体制和机制上的摩擦，影响双方的发展。此时只有通过改制，使其从一级大学之中分离出来，或者以新的投资体制为导引，直接创办相对独立的办学实体，才能使中外合作办学成为我国高等教育中的一支新的生力军。

所以，中外合作办学二级学院模式只能完成一定时期的历史使命，成为通向有体系、有计划地引进国外优质教育资源阶段——独立办学模式的过渡和探索方

式之一。但这种发展并没有必然性，我们并不排除各自办学模式的相对稳定性和适应性。

第二节　中外合作办学非独立设置模式：项目和二级学院

一、两种非独立设置模式的概念及特点

1. 中外合作办学项目和二级学院概念界定

中外合作办学项目：源自经济学领域的“项目”，是指为实现明确的目标而要在限定时间、预算内达到一定质量标准的投资活动。它具有四个主要特征：一次性，即在一定的时间、范围内，要求达到一定质量水平的一次性活动；目的性，即项目要有一定的明确的目标；阶段性，即项目是有始有终的活动，有其发生、发展和结束的过程，经历确定阶段、准备阶段、实施阶段、竣工验收与适用阶段；整体性，即一个项目是由多方面、多阶段组成的，必须将其按照一个整体、一个系统来全盘考虑。

目前对中外合作办学项目尚未有公认的定义，但也有一些学者对其进行尝试性的概括。肖地生认为“所谓项目，是指中外双方合作者根据协议、合同中确立的权利义务所应完成的合作办学任务”。《中外合作办学条例》把中外合作办学定义为外国教育机构同中国教育机构在中国境内合作举办以中国公民为主要对象的教育机构的活动，并规定“申请中外合作办学机构应当具有法人资格”。但是，“外国教育机构同中国实施学历教育的高等学校设立的实施高等教育的中外合作办学机构，可以不具有法人资格”。由此可见，该条例并没有专门把中外合作办学项目划分为一类，所有的中外合作办学都被称为“教育机构”，中外合作办学项目只是包含在不具有法人资格的中外合作办学机构中。由于机构和项目的组织特性的显著差异性，在制定本条例实施办法的讨论中，主要侧重点之一就是要明确区分中外合作办学机构和中外合作办学项目。多数人对如下定义表示认可：中外合作办学项目是指中国高等学校或者职业学校与相同层次和类型的外国教育机构合作，在中方合作学校内实施的不独立设置机构的教育教学活动。

综合以上对项目以及中外合作办学项目的不同定义，我们认为中外合作办学项目是指中外教育机构为了达到一定的教育教学目的，根据双方签订的合作协议或合同，在中方合作学校内，共同实施的不独立设置机构的各种合作教育教学活动。它应该包含经济学中“项目”所具有的 4 种特性：目的性、一次性、阶段性、整体性。具体而言，尽管中外合作办学项目没有独立的法人地位，但是必须遵守有关合同或协议对双方责、权、义的保护和约束；必须在一定的时间段内达到一定的目的；其实施地点必须在中方高校之内，合作项目的管理必须隶属中方合作大学的管理等。

中外合作办学二级学院：顾名思义，中外合作办学二级学院是相对于中方合

作大学的一级大学而言的，是非独立设置的办学模式之一。它是指在一级大学的领导下，由一级大学作为法人代表与国外高等教育机构共同实施的各种合作教育教学活动，它不具有独立法人资格，是设置在中方合作大学之内的中外合作办学机构。中外合作办学的二级学院对一级大学的依附性较大，从投资体制、管理体制到办学活动等，在很大程度上都受到一级大学的制约。根据与一级大学的依存程度，我们把这一模式归并到非独立办学模式之中。但它同时还具备“办学机构”的中外合作属性和特点，所以在一定程度上具有“项目”和“办学机构”的双重属性。

2. 中外合作办学项目及二级学院的特点

中外合作办学二级学院模式与项目模式在法人地位、投入方式、管理方式等方面都类似。根据以上两者的定义以及实践中所呈现的各种特征，现将中外合作办学项目以及二级学院的特点归纳如下：

中外合作办学项目的特点表现为：

（1）依附性。中外合作办学项目设立在中方高校组织的某一机构内，如在某二级学院或与项目内容有关的院、系、部之内。没有独立法人资格，不得独立从事法律活动。因此，突出了合作项目的依附性和融合性。

（2）多样性。中外合作办学项目的多样性表现在投入方式以及办学内容和层次两方面。①中外合作办学一般以非资金形式投入（个别项目也有资金和非资金两种投入方式）为主。中方通常只提供土地的使用权、场地、设备、师资等现有教育资源。外方负责与项目有关的课程设置、教学计划、教学软件、教材、师资、相关毕业或结业证书等以知识产权为主的投入形式。中外合作办学项目属非营利性教育活动，办学盈余一般用于项目的拓展或归一级大学所有，不得由负责中外合作办学项目的有关部门或个人进行分配和处置。中外合作办学项目的收费通常根据办学成本和市场供求状况，实行协议收费（各地执行情况差异性很大），报物价管理部门备案。财务管理归属一级学院，但设立专门账户，统一办理收支业务。②中外合作办学的办学内容和层次多样化。中外合作办学项目的内容一般比较贴近我国市场经济的发展对某些人才培养的需求，具有专业和内容的补偿性、市场性等显著特征，所举办的项目一般是我国高校专业所缺乏或急需改革的项目和内容，受到不同教育需求者的欢迎。办学层次上既有学历教育也有非学历教育。学历教育中有些还具有学位教育资格；非学历教育中，包括某一专业课程或者一般培训项目等形式。

（3）灵活性和阶段性。①中外合作办学项目的形式具有明显的灵活性特点。根据中外双方的协议、合同可以在学制、学费、教学计划、招生、师资等方面均采取较灵活的方式，教学相对独立，具有明确的人才培养目标和完整的教学计划，系统讲授一个或多个专业的相关课程。办学领域一般只涉及高等教育和职业教育领域。②一个合作项目按照协议规定的时段结束后，可以就此终结该项目；也可以续签协议，对项目进行续接、拓展或更新。因此具有较强的一次性和阶段性特点。

（4）层次性。中外合作办学项目的层次性特点集中在教育层次和管理层级上。①中外合作办学可以覆盖学历教育、非学历教育、学位教育、高等教育、非高等教育等教育层次。②管理层级上，分为宏观管理和微观管理两个层面，中外合作办学项目的宏观管理，主要通过对合作项目的审批管理来体现。申请举办实施本科以上高等学历教育或者外国学士学位以上或相当层次正规教育的中外合作办学项目，由我国高校所属的国务院主管部门或省、自治区、直辖市人民政府提出意见后，报国务院教育行政部门审批。申请实施高等专科教育以及学士学位以下或相当层次正规教育的中外合作办学项目，经我国高校和职业学校所属的国务院主管部门或省、自治区、直辖市人民政府提出意见后，由所在地的省、自治区、直辖市人民政府审批。中外合作办学项目的微观管理，由中外双方共同组成的合作办学联合管理委员会负责。也有些中外合作办学项目将这种管理组织称为“董事会”或“理事会”（不符合法规条例的规定）。联合管理委员会一般由五人以上组成，中外双方皆可在合作项目中担任委员会主任一职，具体负责合作项目的日常行政和教学管理。联合管理委员会的职责权限由中外双方合作者在协议、合同中加以确定，但在行政管理方面，服从中方高校及其相关部门的领导。没有独立的人事权、财务管理权、教育权。

中外合作办学二级学院的特点较之项目来说，主要有：

（1）相对规范性和独立性。内部管理上，二级学院的董事会、理事会或联合管理委员会制度更加规范。但是董事会等组织的中方成员一般来自一级大学，所以除了教学管理之外，其他行政管理等均在一级大学的管理之下。二级学院的人事由中外双方人员组成，中方管理人员和教师主要由一级大学委派。二级学院可以有独立的财务会计机构和人员，有独立的账户，在一定额度内有权支配自己的办学经费，并专款专用。在教学活动方面，二级学院具有相对的独立性。有相应的办学自主权，可以独立招生，有独立的学制、教学计划、教学活动、学费制度、师资。举办学历教育的二级学院在招生政策上协同一级大学，招生计划从一级大学中扣除，也可单列；非学历教育的招生、教学等活动独立进行。

（2）双重属性和过渡性。双重属性和过渡性是中外合作办学二级学院最突出的两大特点。双重属性表现为这一组织形式与中外合作办学项目一样，办学地点设在一级大学之内，主要教育教学以及管理活动受到一级大学较大的制约。过渡性表现为可能存在的阶段发展性，即由中外合作办学项目模式发展到二级学院模式，最终向独立设置的方向发展，因此这种过渡性又表现为办学水平逐步提高、办学形式走向更加自主的发展阶段。诸多事实表明，很多中外合作办学二级学院是由中外合作办学项目发展而来的，并逐步向与一级大学相对分离的独立设置的办学机构的方向发展。因此，静态上的双重属性以及动态上的过渡性决定了二级学院在很多方面既沿袭了项目的特点，又带有独立设置机构的特性。

二、两种非独立设置模式的利弊得失分析

1．中外合作办学项目的突出优势

首先，中外合作办学项目的突出优势表现为，通过引进项目，达到中外文化、教育教学理念及其实践的高度融合。正是由于中外合作办学项目设置在中方大学内部的某一机构或部门之内，所以才使得中外双方在合作办学运作中的“零距离接触”成为可能。交流和融合贯穿于合作的全过程。通过对外方项目的审核、确定，中方合作大学能认真权衡外方所提供项目的利弊；通过融合双方课程设置以及教学计划，合作双方可以真正了解对方的优势和特点。在项目的实施过程中，中方目睹并实践着国外先进的教育理念、教育教学和管理方法。涌现出一大批由融合而达到为我所用，促进国内高校教育教学改革发展的实例。例如，山东经济学院将国外大学的合作项目按照专业分类，分别设置在国际贸易学院、信息技术学院等院系，学院教师通过与国外大学合作，借鉴国外的有关经验，改进了原有的国际贸易专业的课程设置，新增商务英语、电子商务等专业，并且通过选用国外工商管理、电子商务、信息技术等专业的教材、软件，结合我国的实际情况，极大地改进了国内现有的传统教材。同时有关专业的案例教学、互动式教学方法也逐步走进国内大学的课堂里。

其次，中外合作办学项目的一次性以及阶段性特点使合作能在短时间内收到较明显的效果。一方面，如果对合作对方所提供的项目不满意，或者因合作困难大而无法达到预期的目标，那么可以在较小的范围内、较短的时间里，及时终止合作协议，避免造成更大的损失。另一方面，如果一个合作项目取得成功，随着合作水平的提高，可以继续该项目或进一步拓展其他相关项目的开展，将其发扬光大。因此，中外合作办学项目又起到了局部尝试、试验的作用。实践证明，全国很多成功的中外合作办学都是从起初单一的项目合作开始，继而拓展开来的。中外合作办学项目的另一个优势就是，我国对合作办学项目的审批程序相对便捷。除了高等教育本科以上学历和学位教育，其他合作办学的项目由省一级的教育主管部门审批，可以大大缩短审批的程序和周期，从而提高办事效率。

最后，由于合作项目的阶段性较强，所以双方的资金投入不多，主要以实物或知识产权的方式进行投入。

2．中外合作办学二级学院的优势

中外合作办学二级学院也具有自身显著优势，具体表现为：

（1）二级学院过渡性的特点使其成为探索独立办学有效途径。为了适应社会主义市场经济体制改革的需要，把二级学院从原普通本科院校中独立出来的任务已经摆上了议事日程，旨在保证高等教育的规模增长，扩大高等教育资源，逐步探索投资主体多元化、办学形式多样化的办学模式。在实践的基础上，中外合作办学二级学院在向独立设置机构过渡的过程中，积极总结经验教训，为中外合作

办学的发展做出贡献。

（2）作为非独立设置的二级学院，可以在更大的程度上与一级大学实行资源共享，极大地提高了中外合作办学的效率和效益。在普通高校之内的合作办学可以分享中方大学长期积累的无形资产和有形资产。一方面，可以利用大学的声誉、品牌、宝贵的人文精神、和文化氛围，提高学生的综合素质以及合作办学的质量和知名度；另一方面，中方一级大学的师资、校舍、图书馆等有形资产也为办学资金不足的合作办学二级学院提供了重要的教育资源。

（3）由于二级学院具有较大的办学自主权、较灵活的运行机制，并且可以利用中外高校的优势资源，所以中外合作办学二级学院一般起点高、见效快，而且发展迅速，这是中外合作办学项目所不能比拟的。

3. 中外合作办学项目的不足

中外合作办学项目的不足之处也主要源自“项目”所具有的一次性和阶段性特点。主要表现在：

第一，无法达到我国高校中外合作办学有建制、有系统地引进国外先进教育教学理念和经验的目的。中外合作办学项目注重的是在某一专业、课程或具体教育教学项目上的合作活动，因此合作的时间、范围局限性较大，可能导致我们对国外高等教育的片面认识和理解，对全面、整体的借鉴缺乏信心，因而无法在更大的程度上，对我国高等教育产生整体性、大范围的借鉴和促进作用。第二，由于项目的阶段性特点，无法有计划地建设一支稳定的教师队伍。合作项目开展期间，一般由合作双方共同提供师资承担教学任务，尤其是中方大学从国外引进的很多专业具有跨学科的特点，因此，尽管把该合作项目置于中方合作大学的某一院、系、专业之内，但仍需从其他专业聘请有关师资，甚至是外校的师资，来共同承担应由中方承担的教学任务。项目一旦结束，这一临时组建的群体就要面临解散，所以无法有计划、有步骤地建设有关专业的师资队伍，由此产生的临时性观念也可能会影响部分教师的责任感和积极性。第三，阶段性还会导致运行和管理的不规范性。阶段性的合作会导致领导体制中的董事会或联合管理委员会制度不完善、不严谨，管理体制中的财务运作、人事管理等方面缺乏规范性和长久性，由此影响合作办学项目的效果。第四，阶段性特点可能导致的最严重的后果之一就是会极大地影响合作双方对合作项目投资、投入的信心。如果仅以有形的固定资产和无形的知识产权投入，合作办学项目的日常开支只能来自学生学费这一唯一来源。缺乏足够的教育资金，不仅会影响在办合作项目的质量，而且还会影响项目的可持续性发展。最后由于教育教学资源过分依赖母校，无独立的法人地位，无较大的办学自主权，造成合作办学项目的依附性特点突出，由此会引起一级大学在各方面干涉过多，从而影响合作办学项目的发展。

4. 中外合作办学二级学院的弱点

中外合作办学二级学院的突出问题主要表现为争夺一级大学的有限资源，管理上受上一级组织的干预过多，投资不足以致发展受限等问题。首先，如果在一级大学内设置的二级学院实施学历教育，一般省级以上的教育主管部门不单独为其划拨招生计划，故从一级大学的总体计划中划拨一部分作为计划内招生。与合作项目相比，二级学院招生规模更大，所以此类问题更加严重，挤占计划内招生指标就成了不可避免的事实。其次，在一级大学领导下的中外合作办学二级学院，很大程度上沿袭我国传统计划经济模式下国家办高等教育的思路和管理方式，教育教学特色不鲜明，缺乏管理制度和运作模式的创新。同时，二级学院对一级大学的依附性造成一级大学对其行政干预过多。究其原因，主要是一级大学以及各级领导对中外合作办学地位、作用以及发展前景等问题缺乏正确、充分的认识。领导之间认识不一致，致使中外合作办学二级学院在运作中，出现相互推诿、扯皮的现象，造成合作办学效率低下、进展困难，甚至可能造成举步维艰的办学局面，更何谈规模效益。管理不规范，再加上宏观管理上的政策滞后等因素，使国外合作者缺乏大量投资的信心，从而使中外合作办学只是局限在小规模、小范围内运作，学科发展上无法制订长期发展规划，教育教学管理上，只能在有限的专业、课程上借鉴一些国外先进经验，很难从全局和整体的角度，有建制、有计划、有步骤地对教育理念、管理经验、教育经营等方面进行借鉴和学习。

第三节　中外合作办学独立设置模式：独立设置的中外合作办学机构

相对于依附一级大学的中外合作办学项目以及二级学院来说，独立设置的中外合作办学机构，应该“具有独立的法人资格”。根据《中外合作办学条例》，我国不允许国外高等教育机构单独在我国境内开设教育机构，所以所谓“独立设置”只是相对意义上的“独立”，是相对于与申报合作办学的中方大学的分离关系而言的。尽管对“独立设置的中外合作办学机构”没有正式的定义，但根据《中外合作办学条例》精神以及教育部《关于规范并加强普通高校以新的机制和模式试办独立学院管理的若干意见》的相关内容，独立设置的中外合作办学机构应该在机制和办学模式上包括这样一些内容和特点：办学经费由中外各方共同承担，或以民办机制筹措解决；实行全新的办学模式，即独立学院应具有独立的校园和基本的办学设施，实施相对独立的教学组织和管理，独立招生，独立颁发学历证书，独立进行财务核算，具有独立的法人资格，能独立承担民事责任。这些“独立”集中体现了中外合作办学独立设置机构的基本特点，本质上与中方合作大学没有太大的关系。

就目前国内高校独立学院的办学规模和机制看，大部分都是在国有民办办学体制的基础上发展起来的。中外合作办学的独立学院为数不多，但办学机制和模式与独立设置的国有民办二级学院基本相同。大多采用我国政府或高校与国外有关教育组织或高等教育机构合作的模式，双方在自愿、平等、互利的基础上签订和履行合作办学协议。这类独立学院一般都有独立的校园、独立的行政管理和教学组织管理机构、独立的财务。由于双方共同投资举办，所以双方均享有对该机构的产权，实行共同投资、共同管理、共同分配。所有办学活动均采取独立的运作方式。

一、中外合作办学独立学院模式存在的合理性

从中外合作办学组织形式的发展趋势看，依托于一级大学的合作办学项目为初始阶段，二级学院为承上启下的过渡阶段，最终会发展为独立设置的中外合作办学机构。独立设置的中外合作办学机构(以下简称独立学院)，是促进我国高等教育体制改革，不断满足社会经济发展对各类人才需求以及人民群众对高等教育需求的重要举措之一。其存在和发展有着重要意义和合理性。

首先，中外合作独立学院办学模式是加速实现“办学主体多元化”，使中外合作办学成为“我国高等教育的重要组成部分”的最佳选择之一。

要想使我国高等教育快速发展，仅靠以往单一的政府办学难以实现，必须建立以政府投入为主，多渠道筹措经费的投资体制。当前，我国正在建立以公有制为主体，多种经济成分共同发展的所有制结构，这为实现高等教育办学主体多元化提供了现实的可能性。我国已初步形成政府办学、民办和中外合作办学三种办学形式共存的“办学主体多元化”局面，而且，中外合作办学的地位也逐步由我国高等教育的“补充”，发展到了目前的“重要组成部分”。如果仅靠依托于一级大学的合作办学项目和二级学院模式，无法体现中外合作办学内容、层次、组织形态各异的多样性特征，也难以从真正意义上探索符合中国国情的中外合作办学之路。由于中外合作办学教育模式国际性特征显著，我们有理由相信，通过直接接触和借鉴国外先进的教育经验，中外合作办学可以成为促进我国高等教育改革和发展的重要力量之一。通过独立设置的办学模式，解放思想，大胆尝试，为我国高等教育的体制改革和高校内部体制改革提供有价值的参考。

其次，独立学院的办学形式可以解决源自对一级大学的过度依赖所带来的问题。例如，挤占一级大学有限的教育资源，管理上受一级大学的干预过多，对借鉴和学习无法有建制、有计划地统筹规划，教师队伍不稳定以及各项管理工作的运作不规范等。独立学院通过独立行使法人权力，独立招生，独立办学，不仅不会与一级大学抢占有限的教育资源，而且会与后者在同等竞争和发展水平上，形成多种办学体制并存的局面，由竞争激发国有大学的发展和改革动力。

最后，独立学院以民办教育的机制运作，办学资金一改国立大学“一主三辅”的投资模式，而主要靠中外双方共同投资，同时吸收有效的民间资本。投资体制的改变将会引起一系列的教育模式的转变：教育理念的更新、管理模式的转变、办学方式的创新。这一新的办学机制在一定程度上可以解决我国高等教育长

期以来存在的投入不足的问题，另外还可以在我国高等教育引智和引资方面做出大胆的尝试。

二、独立设置的中外合作办学机构的建设和发展

目前我国所开展的中外合作办学主要以非独立设置的中外合作办学项目和二级学院模式为主，独立学院模式的办学数量并不多，但发展势头良好。独立学院的建设和发展除了要坚持“以我为主，为我所用”的原则之外，在借鉴国外先进的教育经验的同时，还可以参考我国民办独立学院的模式，坚持以下基本原则：一是有利于满足人民群众对高等教育的多样化需求；二是有利于多渠道、多种形式地吸引社会投入，多方筹措教育资金；三是有利于促进高校探索新的办学机制和体制，增强办学活力；四是有利于推动高等教育更好地适应经济和社会发展，坚持为地方和区域经济发展以及社会发展服务，坚持规模、速度、质量、效益协调统一。除此之外，独立学院的建设和发展还要着重关注以下几个问题：

第一，加紧对独立学院的理论研究，澄清认识上的误区，树立积极正确的指导思想，为中外合作独立学院的实践提供可靠的理论支撑和指导。独立学院以全新的投资体制为显著特点，尤其是涉及外资的引入。对此，我们的理论研究不仅要借鉴企业对资金运作的经营理念，同时还要参考我国关于中外合作企业的法律规定，及早对中外产权问题、教育的盈利问题、投资回报问题等做认真研究和分析。

第二，开放思想，大胆尝试。根据中外合作办学区域分布的差异性特点，在中外合作办学较发达的地区进行不同模式的试点性运作，针对出现的问题认真研究，及时解决。一旦成功，集中力量，树立典范，及早将成功模式推广到更广阔的地区和合作领域。

第三，分析中外合作办学独立学院的特殊性，及时制定规范中外合作办学独立学院发展的相关法律法规，打通涉及的部门，使外汇、税收、工商等方面的法规制定协调并进，做好配套政策法规的建设和完善。

第四，科学定位，确立方向。作为新生事物，独立学院的建设和发展必须有科学准确的定位，应该更好地适应高等教育与社会发展的需要。同样，在公立、民办以及中外合作高等教育之间找准位置，确定发展方向，建议参考如下原则：突出“先进”“灵活”“高效”的特点，积极引进，加强吸收；以市场为导向，在办学理念、学科建设、专业设置上面向市场，适应市场需求，提高办学效率；以特色求发展，构建具有特色的学科体系。

第四节　高职高专中外合作办学现状

随着我国对外开放领域的不断扩大以及教育改革的持续深入，中外合作办学经过 2006—2009 年的发展停滞期，在《国家中长期教育改革和发展规划纲要

(2010—2020年)》颁布实施后，高职高专办学规模逐步扩大，办学层次逐渐提高，办学模式也实现了多样化，再次得以迅速发展。

高职高专中外合作办学由省级政府及其教育行政部门审批并报教育部备案，是中外合作办学的重要组成部分。高职高专中外合作办学质量建设是加快发展现代职业教育，形成具有中国特色、世界水平的现代职业教育体系的重要工作之一。

一、高职高专中外合作办学数量与地域分布

1. 高职高专中外合作办学机构、项目的数量

截至2018年2月，全国本科以下层次中外合作办学机构和项目已有829个(机构33个，项目796个)。

由地方审批报教育部备案实施高等专科教育的中外合作办学项目（含内地与港澳台地区合作办学项目）共796个（来源：教育部中外合作办学监管工作信息平台数据，截至2018年2月)，其中高职院校承办545个。合作办学机构（含内地与港澳台地区合作办学机构）有33个（含2所非学历教育机构)，其中由高职院校承办的中外合作办学机构有14个，由本科院校承办的中外合作办学机构有17个。见表5-1。

由此可见，目前，在我国高职院校中外合作办学与交流中，高职院校承办的中外合作办学机构数量低于本科院校层次，且均为非独立法人模式，中外合作办学项目目前仍为高职院校国际化的主要形式。

表5-1　高职高专中外合作办学数量统计表

省市	项目数	机构数	总数	省市	项目数	机构数	总数
北京	18	1	19	河北	34	1	35
上海	25	1	26	河南	2		2
天津	5		5	湖北	22	1	23
重庆	8		8	湖南	19		19
江苏	166	3	169	陕西	4	1	5
浙江	63	3	66	山西	9		9
广东	31	1	32	黑龙江	1		1
海南	15		15	辽宁	2		2
福建	4	2	6	吉林	8		8
山东	17		17	广西	9		9
江西	9		9	云南	11		11
四川	18		18	贵州	6		6
安徽	20		20	新疆	10		10
内蒙古	9		9				

2. 高职高专中外合作办学的地域分布

数据显示，目前经各省、自治区、直辖市批准并报教育部备案的高职高专中外合作办学机构和项目已覆盖全国（不含港澳台，下同）27个省份，仅西藏自治区、青海省、宁夏回族自治区、甘肃省的高职院校尚未有中外合作办学。

中外合作办学的地域分布仍呈现明显的“东多西少”的不均衡状态。在社会综合发展水平高、经济文化发达的东部地区，中外合作办学相对起步早、发展快、数量多；在经济发展相对落后的中西部地区，中外合作办学相对起步晚、发展慢、数量少。同时，中外合作办学与地区的对外开放程度和广度也有密切关系。

高职院校承办的中外合作办学项目的数量居前十位的省市依次为江苏（166个）、浙江（63个）、河北（34个）、广东（31个）、上海（25个）、湖北（22个）、安徽（20个）、湖南（19个）、北京（18个）、四川（18个）、山东（17个）。

高职院校承办的中外合作办学机构共有14个，各省市数量依次为江苏（3个）、浙江（3个）、福建（2个），北京、上海、广东、河北、陕西、山东各1个。

3. 国外合作国家（地区）分布

合作对象主要来自经济发达、科技及职业教育先进的国家和地区。在全国现有的合作机构和项目中，合作国家（地区）主要有：

（1）合作机构地区来源：加拿大（9）、澳大利亚（6）、俄罗斯（3）、日本（2）、法国（2）、新加坡（2）、美国（2）、新西兰（2）、德国（1）、英国（1）、奥地利（1）。

（2）合作项目地区来源：澳大利亚（138）、加拿大（98）、美国（68）、英国（67）、韩国（35）、德国（29）、新加坡（19）、新西兰（13）、俄罗斯（11）、日本（9）、马来西亚（9）。

表5-2　高职高专中外合作项目地区来源

国家（地区）	中外合作项目数（个）
澳大利亚	138
加拿大	98
美国	68
英国	67
韩国	35
德国	29
新加坡	19
新西兰	13
俄罗斯	11
日本	9
马来西亚	9

二、合作专业分布情况

表 5-3 高职院校中外合作项目排前十位的专业

合作专业	数量（个）
会计	74
旅游管理	39
酒店管理	37
国际商务	35
市场营销	33
国际经济与贸易	30
建筑工程	29
计算机应用	27
汽车检测与维修	25
电子商务	22

表 5-4 各专业领域中外合作办学项目数

财经	装备制造	信息技术	旅游服务	土木建筑	艺术	其他	教育	医疗保健	公共服务
288	111	109	103	53	36	42	18	10	10

据统计，我国高职院校国际合作办学的主要专业领域依次为会计、旅游管理、酒店管理、国际商务、市场营销、国际经济与贸易、建筑工程、计算机应用、汽车检测与维修、电子商务等。其中财经类和旅游服务类专业占总量的50%，其次是装备制造类、信息技术类和土木建筑类。由此可见，目前我国高职院校国际合作办学项目主要还是以引进教学投入少、组织相对简单的“短平快”专业为主，低水平重复办学在一定程度广泛存在，对国外优质教育资源引进比例较低。应用技术类项目较少，仅集中在机电、汽修、建工三个方面，对接或服务于新兴产业的急需专业更少。

三、2010 年以来高职高专中外合作办学的主要进展及存在的问题

《国家中长期教育改革和发展规划纲要（2010—2020 年）》颁布实施以来，尤其是党的十八大以来，国家和各省、自治区、直辖市教育行政部门对地方中外合作办学更为关注，强化对高职高专中外合作办学的规范管理，促使其进入内涵发展新轨道，质量建设取得显著成效。

1. 出台并有效实施了一系列有利于高职高专中外合作办学发展的政策措施

近年来，政府及其教育行政部门对高职高专中外合作办学的重视程度明显提

高，通过出台相关政策文件、加强对高职高专中外合作办学质量建设的宏观指导，重点强调要端正办学动机、严格要求外方合作伙伴的选择。从根源上杜绝“连锁店”。加强信息公开和过程监管，这些政策文件有针对中外合作办学整体发展的，也有直接针对高职高专中外合作办学的。

2. 加强过程监管，正式启动高职高专中外合作办学评估，继续推进认证工作

2009 年启动的中外合作办学试点评估，评估对象为本科及以上中外合作办学机构、项目，高职高专层次并未包含在内。2014 年 11 月 28 日，教育部在北京召开高职高专中外合作办学评估工作启动会暨评估方案研讨会，正式启动高职高专中外合作办学评估工作。2015 年 4 月 2 日，教育部国际合作与交流司下发《关于开展高职高专中外合作办学试点评估工作的通知》（教外司办学（〔2015〕523 号），决定首先在北京、上海、广东、江苏、山东五省市开展试点评估。2015 年 4 月 28 日，教育部国际合作与交流司发布《高职高专中外合作办学评估方案（试行）》。评估工作由教育部国际合作与交流司统一组织，中国教育国际交流协会具体实施。

试点评估对象由五个试点省份自主推选，如江苏省从全省 195 个高职高专中外合作办学机构和项目中遴选了 6 个项目参加试点评估，山东省推选山东工商学院中加项目和山东艺术学院国际艺术交流学院参加评估，北京市则有 7 所高职高专院校的 13 个项目和机构参加了评估工作。高职高专评估工作在总结试点评估经验的基础上，进一步完善评估方案，于 2016 年在全国范围内开展。

近几年来，民间倡导的中外合作办学认证也在高职高专中外合作办学领域进行了探索。这种探索可以追溯到 2006 年由上海市教育评估协会启动的中外合作办学认证。中国教育国际交流协会于 2011 年启动了中外合作办学机构、项目的认证工作。2011—2015 年，通过上海市教育评估协会中外合作办学认证的高职高专项目有上海中医药大学中英合作护理专科项目等；通过中国教育国际交流协会认证的有浙江机电职业技术学院和澳大利亚博士山技术与继续教育学院合作举办的国际贸易实务专业高等专科教育项目，以及浙江商业职业技术学院与澳大利亚西澳洲中央技术学院合作举办的视觉传达艺术设计高等专科教育项目等。

3. 布局逐步合理，结构不断优化

（1）学科专业布局趋于合理。

根据《中外合作办学发展报告（2010—2015）》的数据，截至 2016 年 1 月，在高职高专中外合作办学专业大类分布中，财经大类、电子信息大类、旅游大类及制造大类居多；轻纺食品大类、农林牧渔大类、公共事业大类、环保、气象与安全大类、生化与药品大类、资源开发与测绘类、水利大类、法律大类等所占的比例偏少；法律、水利、资源开发与测绘大类及公安大类均为 1 个。

具体的专业类别划分中，计算机类最多（94 个），占总数的 11.4%；其次是旅游管理类（85 个），占 10.3%；经济贸易类（80 个），占 9.7%；财务会计类

(79 个)，占 9.6%；市场营销类（67 个），占 8.1%；工商管理类（65 个），占 7.7%。

可见，目前，高职高专中外合作办学涉及多个专业大类，学科专业布局趋于合理。重复设置的现象得到遏制。同时，国家急需的一些新兴专业、前沿专业、空白专业和配合国家重大战略需求的专业陆续得到批准，一定程度上体现了中外合作办学在促进高校学科专业建设、服务地方经济社会发展等方面的作用。

(2) 区域布局调整初见成效。

按照区域划分，我国各区域的高职高专中外合作办学情况如下所示：

①东部地区。截至 2015 年 12 月 31 日，东部 10 个省份已有高职高专中外合作办学机构和项目共 468 个，占全国高职高专中外合作办学的 63%。其中，机构 16 个，项目 452 个。

②中部地区。截至 2015 年 12 月 31 日，中部 6 个省份已有高职高专中外合作办学机构和项目共 160 个，占全国高职高专中外合作办学的 22%。其中，机构 4 个，项目 156 个。

③西部地区。截至 2015 年 12 月 31 日，西部 8 个省份（不含尚无高职高专中外合作办学的西藏、甘肃、青海和宁夏）已有高职高专中外合作办学机构和项目共 98 个，占全国高职高专中外合作办学的 13%。其中，机构 2 个，项目 96 个。

四、存在主要问题

客观地看，我国高职院校通过走中外合作办学之路，引进了国外优质教育资源，学习和引进了国际先进成熟适用的职业标准、专业课程、教材体系和教学方法，增加了高等教育供给的多样性和选择性。同时，在与国外院校的合作交流过程中，中外双方互派教师，有利于教师更新专业知识，学习教育教学方法，开阔视野，创新思路，促进了高职院校教学质量和育人水平的提升。然而，通过对我国高职院校中外合作办学整体数据的分析及个案研究，我们认为我国高职院校中外合作办学逐渐暴露出一些问题与不足。

1. 形成具有本土特色的职业教育模式的目标尚未实现

"双元制"职业教育制度是德国经济腾飞的"秘密武器"，在世界范围内享有盛誉，基础是德国发达的制造业，核心是校企合作、工学结合。新加坡在借鉴德国的基础上，结合本国经济发展和职业教育实际，创建了新加坡的双元制——"教学工厂"。通观我国高职院校举办的 10 个中外合作办学机构和 548 个中外合作办学项目，目前我们尚处在引进国外优质教育资源，学习、运用及积累国际先进成熟适用的职业标准、专业课程、教材体系和数字化教育资源等的阶段。结合我国国民经济发展和职业教育实际，消化、吸收国外先进的职业教育理念与教学模式，形成具有本土特色的职业教育模式的目标尚未实现。

相当一部分高职院校将中外合作办学作为"锦上添花""国际标签"，忽视了它对教育、教学改革的推动作用。加上举办学历教育的中外合作机构及项目的招生纳入国家高等教育统一招生计划，而学费收入是高职院校办学经费的主要来源渠道之一，所以一旦出现实际到校学生数小于计划数时，大部分高职院校将会在下一年度减少中外合作办学项目的招生计划数，甚至暂停中外合作办学项目招生，这在某种程度上影响了中外合作办学的可持续发展。

同时，为满足学生就学选择的多样化及增强中外合作办学项目或机构招生的吸引力，大部分高职院校中外合作办学项目或机构的办学呈“贴牌 + 输出”的单向性特点。“贴牌”是指高职院校直接引进国外合作院校的课程、资格或毕业证书，引进国外合作院校的教学模式，学生在国内完成合作双方的课程学习，经考核合格后，可获得双方所属国认可的毕业文凭。“输出”是指将学生送到国外继续深造，如“2 + 2”“3 + 1”“3 + 2”专本连续后续培养模式。这种将中外合作办学等同于学生出国留学预科班的现象并不鲜见，尤其是在我国东部经济发达地区。这样的办学定位实际上混淆了中外合作办学与一般的国际合作交流的差别，导致我国部分高职院校在选择外方合作院校时，过多地考虑外方合作院校“专升本”的能力。这种办学思路偏离了通过引进优质教育资源，深化高职院校应用型人才培养体制改革的初衷。

2. 办学模式有待完善

“办学模式是指在一定的历史条件下，以一定的办学思想为指导，在办学实践中逐步形成的规范化的结构形态和运行机制。它是有关办学体制、投资体制、管理体制与高等学校之间形成的相对稳定的权力结构和关系。”我国高职院校中外合作办学为国家行政主导的一元化办学体制。高职院校拟开展的中外合作办学机构和项目，经所属地方教育行政主管部门或政府依法批准设立和举办，并报教育部备案。高职院校中外合作办学有两种形式：一种是依附于中方高职院校、不具备法人资格的中外合作办学机构，一种是依附于中方高职院校某个与项目相关的二级学院或系、部的中外合作办学项目。相对于中方高职院校的主体地位，中外合作办学机构或项目往往处于从属地位，招生规模很小。

在投资机制上，中外合作办学属于“引智工程”，各参与方的办学目的往往是不一致的，外方主要是为了经济上的利益，其投入主要在课程设置、教材及教学方式输出、选派外籍教师等方面。而中方在保障学校基本经济利益的基础上，其办学目的主要是顺应上级教育主管部门对教育国际化的期许和提升自身办学的影响力等，为中外合作办学投入主体，其投入主要在教学设施设备、教师、教学管理等教学硬件及软件方面。相比而言，中方投入远大于外方，承担的风险也远远大于外方，有悖于中外合作办学的对等性。

在管理体制上，存在着中方高职院校教育管理与中外合作办学机构或项目管理“两张皮”的现象。“两张皮”的管理模式导致高职院校学历教育与中外合作办学机构或项目管理的分离，不利于高职院校在较短的时间内，通过中外合作办学项目的管理和教学组织，学习和吸收国外职业教育的先进教学理念、教学模式、管理模式，创新我国职业教育。

高职院校中外合作项目多是开办一个专业，除涉及课程设置、招生计划、教学管理等方面外，还涉及外事、安全、出入境、税收等一系列具体政策，涉及与外方交流合作伙伴的对应情况，还需要对本校的专业布局、优势特色、资源分布、发展规划了然于胸。这对国际合作管理机构及人员提出了较高的要求。但目前大多数开办中外合作办学的高职院校还没有成立专门的国际交流与合作部门，有的是把国际交流与合作工作的职能划归学院办公室，有的是行政机构与教学机构合署办公，这在一定程度上影响了国际合作办学的发展。

3. 办学质量保障体系不健全

教育教学质量是中外合作办学的生命线。为进一步规范中外合作办学秩序，提高办学质量，促进中外合作办学更健康发展，教育部目前采取四项措施加强中外合作办学监管，即重点推进“两个平台”和“两个机制”建设，积极构建中外合作办学质量保障体系，以期对中外合作办学实施“输入—过程—结果”全方位监管。

“两个平台”即中外合作办学监管工作信息平台和中外合作办学颁发证书认证工作平台。依托教育部教育涉外监管信息网开通中外合作办学监管工作信息平台，通过办学监管信息公示，实施对中外合作办学的动态监管，并向社会和广大就学者提供较全面和可靠的就学指导和服务信息。开发中外合作办学颁发证书认证工作平台，加强对所颁发的学历学位证书的认证工作。“两个平台”从源头和结果保障了广大就学者的利益。

“两个机制”即中外合作办学质量评估机制和中外合作办学执法和处罚机制。教育部办公厅2009年颁布了《中外合作办学评估方案（试行)》，通过自我评估与抽查评估相结合的方式开展中外合作办学质量评估，建立中外合作办学质量评估机制。根据法规的要求强化办学单位和各级管理部门的责任，建立中外合作办学执法和处罚机制。“两个机制”试图通过办学过程的监管，确保中外合作办学质量。

自1995年《中外合作办学暂行规定》颁布以来，我国已初步建立了中外合作办学质量保障体系，但主要依靠的是外部行政手段。中外合作办学评估工作存在自评不够全面深入、合作办学利益相关者未能充分参与等情况。中外合作办学作为我国高等教育的补充形式，其质量保障体系还有待完备的方面，尤其是评估指标体系科学化、量化方面还有较长的路要走。

4. 引进优质资源不足，学科专业设置不均衡

如前文所述，我国高职院校中外合作办学项目中47%的项目专业为经济、管理类专业，而培养我国制造业急需的高技术技能型人才的工学类专业只占项目总数的30%，显现学科专业设置的不均衡，工学类专业等优质教育资源的引进

有待加强。虽然中外合作办学机构中经济、管理类专业占专业总数的 26.32%，工学类专业占专业总数的 55.26%，但高职院校承办的中外合作办学机构仅有 14 个，远远低于其所承办的 545 个中外合作办学项目。

从生源情况看，专科层次的中外合作办学，主要是为家庭经济条件较好、高考成绩不太理想的学生提供更多的就学选择机会，招收学生的录取分数线一般为各省份的专科建档线。受生源素质和投资机制所限，为保证招生，确保合作办学双方的经济利益，大多数高职院校偏重于选择办学投入较低、对实训要求不高及双语专业教师培养难度较低的管理类、经济类专业开展中外合作办学。

《高等职业教育创新发展行动计划（2015—2018 年）》明确指出，“引进境外优质资源，加强与信誉良好的国际组织、跨国企业以及职业教育发达国家开展交流与合作，探索中外合作办学的新途径、新模式”，“重点服务中国制造 2025，主动适应数字化、网络化、智能化制造需要，围绕强化工业基础、提升产品质量、发展制造业相关的生产性服务业调整专业、培养人才”。由于我国义务教育阶段学生学习的外语主要为英语，导致高职院校 68.28% 的中外合作办学机构及项目的合作对象国为澳大利亚、加拿大、英国、美国等英语系国家，只有 5.39% 中外合作办学机构及项目是与基于发达的制造业发展起来的职业教育先进国家德国合作的。可见高职院校中外合作办学在服务于国家及区域经济发展，引进境外优质职业教育资源等方面还大有潜力可挖。

5. 合作办学课程对英语水平的高要求与学生的低水平之间的矛盾

既然是国际合作办学，引进了国外的专业教材甚至师资，那么对于学生英语的要求就会相应地提高，但现实状况是，高职院校往往为了扩大招生，降低了录取的门槛，降低了对学生的要求，导致合作专业招收的学生普遍英语水平偏低，不能听懂外教课程或读懂合作专业教材。合作院校派驻的外籍教师往往成了摆设，专业课程依然由国内院校的教师自行授课。这导致学生虽然进入了国际班，却依然只能接受中文授课，因此，达不到合作院校的学分要求，拿不到国外院校的专业文凭，也就不能到国外继续深造。与普通班学生相比，国际班学生在就业方面没有强劲的竞争力，从而影响国际合作专业的后续招生和办学。

6. 高职院校教育国际化道路还很长

“走出去”和“引进来”是我国高职教育国际化发展的“双腿”，需要齐头并进，而非一个在前一个在后。随着“自贸区建设”的开展和国家“一带一路”倡议的提出，区域优质高职教育资源的输出应成为我国高职教育国际化的努力方向。但是，当前我国高职教育输出规模较小，形式相对单一，西部高职教育国际化办学活动相对不足。虽然依托政策优势的“境外办学活动”逐渐丰富起来，但是具有国别标识的“职教成果”输出依然有待突破，尤其是获得国际认证的课程标准及职业资格标准建设滞后。

《2017 中国高等职业教育年度质量报告》显示，2016 年全国有 172 所高职院校接受全日制国（境）外留学生，留学生总数超过7 000人。有100所高职院校参与开发了283个获得国（境）外认可的行业或专业教学标准。全国仅有少数几所高职院校伴随中国企业走出去，分别在印度尼西亚、泰国、几内亚、吉尔吉斯斯坦、赞比亚、南非、柬埔寨等国设立海外培训中心，开展职业培训和学历教育项目。目前这些难以满足教育部《推进共建“一带一路”教育行动》的总体要求。另外，现有在我国高职院校就读的外国留学生，大多进行的是语言与文化学习，希望获得中国职业院校毕业证书的外国学生很少。这也从侧面反映出目前我国高职教育的国际化发展还有很长一段路要走。

五、优化高职中外合作办学内涵的措施

第一，选择优质的合作办学伙伴。甚至对于高职院校来说，职业技能的培养尤为重要。根据学校的特色，不但可以选择相应的大专院校作为合作办学的伙伴，还可以与国外企业开展国际校企对接模式。德国的职业院校就与德国的机械和汽车制造企业有着密切的合作关系，甚至有些职业院校就是直接为企业培养技术后备力量的。在选择合作伙伴时，我们不但可以与德国职业技术院校开展合作，还可以通过合作院校与德国企业进行友好合作，输送优质学生进入国际企业实习或工作。这样培养出来的具有实际操作能力和经验的学生，必然受到用人单位的欢迎。有了具有就业竞争力的毕业生，合作办学的优势便能体现出来，自然会对后续招生产生良性影响。

第二，合理引进先进教学理念和模式。毕竟各国的文化和环境存在着相当大的差异，完全照搬国外教学模式会造成“水土不服”。因此，将国外先进教学经验和手段与我国传统文化相结合，洋为中用，构建适合我国高职院校学生的教学模式尤为重要。

第三，建立适合院校实际的中外合作管理机构。高职院校中外合作办学是一个涉及外事活动管理、外教管理、教学运行的实施与管理等多方面工作的系统项目，其具体工作敏感、复杂而又烦琐，经常牵涉大量的人力和物力。因此，国家示范性高职院校或国家骨干高职院校的中外合作项目都由独立设置的国际交流学院来进行统一管理（如江苏经贸职业技术学院的国际教育学院、深圳职业技术学院的国际教育部等）。在院校独立设置的国际交流与教育学院的基础上，还要有健全的组织领导机构和项目负责人制度，这样才能更好地保证中外合作办学的教育教学与管理效率。

在组织领导机构上，着力形成一套完善的协调沟通机制。院校内部成立以院长为组长、教学副院长为副组长的中外合作办学领导小组，相关职能部门如国际交流学院、财务、教务、后勤等部门负责人为成员，明确分工，责任到部门，最终确保项目得以顺利开展。实行项目负责人制度，即项目负责人既要积极与境外合作院校进行联系与沟通，又要与校内各部门进行组织与协调。这一管理方式能

有效解决职责不清、管理混乱等状况。

第四，建设适合我国高职院校学生的国际课程体系。要变革本土课程体系，使之适应国际化人才培养的模式。对于高职院校来说，实际操作经验比纯粹的理论知识更为重要，国际合作院校也对实践能力有着具体的要求，因此，在课程设置上需要进一步加大实践课程的比例。同时，针对当前国际班学生英语水平不高的现状，可以减少外籍教师理论课程的教学课时，增加实践课程，身体力行，以行代言，缓解学生对于英语学习的畏惧，提高学生的学习积极性。这也是对国外优质教学资源的充分利用。

第五，建设国际化师资队伍。教师水平的高低直接影响合作办学培养专业人才的水平。高职院校应当通过与合作院校进行校际交流或者选派教师到合作院校参加培训的方式提高合作办学教师的专业能力和语言能力，同时吸纳留学归国人员，引进国外高校优秀教师以及行业精英，打造专兼职结构合理、中西合璧、为我所用的教师队伍。

第六章

高职中外合作办学优质资源本土化研究及实践

破解教育领域需求国际化中的难题要坚持问题导向和原因导向，进行以机制创新为导向的教育供给侧改革是关键。供给侧改革不仅要考虑提高供给端的质量、效率和创新性，而且要丰富、完善教育供给结构。针对高职教育资源国际化路径畸变、办学质量不高等问题，聚焦高职教育国际化与本土化共生关系，分析合作办学优质教育资源本土化过程中存在的主要问题，指出影响本土化实施的主要障碍，创新合作办学体制机制，加强顶层设计，强化引智合力，完善制度保障和本土化实施路径，从而实现高职教育国际化与本土化的和谐发展。

第一节　优质教育资源的概念内涵

任何一个学术问题的研究都面临着界定主要概念的任务，这是后续研究得以开展的前提和凭借。因此，对优质教育资源这一核心概念进行界定是本研究首先面临的一个任务。而对优质教育资源的界定，则建立在对资源、教育资源等基本概念的理解基础之上。

1. 基本概念

“资源”一词最早源于经济学，然而目前这一概念在经济学领域之外的使用已经泛化，它泛指人们从事某种活动的条件和基础，既包括从事某项活动的人力、物力和财力，也包括从事该项活动的时间、空间和信息；既包括从事某项活动的制度、文化、理念，又包括对该活动有影响的经验、模式和处理问题的方式方法。凡是能够起到基础和条件作用，对某项活动正常开展有促进作用的因素，都可称为资源。

根据《教育大词典》的界定，教育资源亦称“教育经济条件”，其主要有两个方面的含义：一是指教育过程中所占用、使用和消耗的人力、物力和财力资源，即指教育人力资源、物力资源和财力资源的总和；二是指教育的历史经验或有关教育信息的资料。如果按照资源的基础含义进行逻辑推理，教育资源就是开展教育活动所需要的一切基础和条件。教育资源是一个复杂的资源综合体，可以从不同的角度和层面进行界定和分类。从教育资源的形式上看，教育资源可分为有形教育资源和无形教育资源；从教育资源的内容上看，教育资源可分为教育人力资源、教育物力资源、教育财力资源、教育授权资源、教育空间资源、教育制度资源、教育学术资源、教育声誉资源；从教育资源的质量上看，教育资源可分为优质教育资源、一般教育资源、劣质教育资源；从教育资源的使用上看，教育资源又分为有效教育资源和无效教育资源。

何谓优质教育资源？基于上述对“资源”和“教育资源”所做的界定，可以对“优质教育资源”的概念做出如下规定：优质教育资源是指对教育教学能起到提升和促进作用的高质量教育资源。当然，该定义是就一般意义而言的。这是因为，所谓“优质”的标准并非固定不变，它因不同主体的比较标准不同而呈现出差异。具体到中外合作办学领域，并非所有的国外教育资源都是优质的，也并非所有的国外教育资源都是可引进的。因此，在中外合作办学实践中，面对众多教育资源，遴选合作专业和围绕选定专业引进相关的资源是关键，同时还要考虑到输出客体的整体学术水平和本专业的学术水平以及该客体所在国的教育输出政策等，而最为重要的是，引进的教育资源要对引进主体在办学规模、学科结构、教育质量、办学效益等方面有促进作用，尤其要在质量和效益两个方面有明显提升。在质量评价方面，对输出客体和引进主体均用三个指标来衡量：教师资源质量、教育教学质量、人才培养质量。没有高质量的教师就没有高质量的教学效果，就培养不出高质量的人才。在中外合作办学效益方面，主要用三个指标来衡量：合作的规模效益、合作的经济效益、合作的社会效益。规模效益用合作项目的师生比和合作专业的平均在校生数来衡量；经济效益用合作培养的人才的数量和质量与人才合作培养成本之间的关系来衡量；社会效益指人才合作培养对整个社会系统的影响与贡献，包括对社会经济发展的影响，以及对社会精神文化建设所做出的贡献，它体现人才合作培养的价值，也体现中外合作办学引进优质教育资源的真正目的。鉴于此，本书所指的国外优质教育资源应是世界范围内具有先进水平或办学特色并能保持一定领先优势的理念、制度、管理、课程、教材、师资、特色、物质等教育条件的总称。

2．国外优质教育资源的基本特征

引进国外优质教育资源既是中外合作办学的重点，又是中外合作办学的难点。问题的关键是：优质与非优质如何区分？资源是否优质，有比较才能鉴别；质量是否高质，要使用才能比较；引进是否成功，要视其适切性和融合性才能判定。根据中外合作办学的基本目的分析，引进的国外优质教育资源应当具有以下三个基本特征。

（1）评价的相对性。

所谓优质，就是质量优良。它是一个相对的、动态的概念，因不同主体的比较标准不同而呈现出差异，随着时空的变化而变化。引进的教育资源相对不同的引进主体会有不同的评价结果，相对不同的引进区域会有不同的评价结论。对于拥有国家级重点学科的一些高校，若引进本学科专科、本科和研究生专业的教育资源，其引进的水平应当高于或相当于国内最高的学科专业发展水平，这种引进类型属于“强强”合作。与此相对应的是，同样在该学科领域，若一般的高校在国外寻求合作伙伴，其引进的教育资源不一定要优于前者，但它一定要优于引进的行为主体。同理，对于政治、经济和文化都很发达的区域或者都比较落后的地区，同一学科引进的资源不一定相同，两者会存在差异。但是只要输出客体的质量高于引进主体的质量，是否优质就显现出来，这就是引进优质教育资源的相对性。优质与否要相对于引进主体而言，相对于引进区域而言，相对于引进学科专业而言。

（2）使用的互补性。

“他山之石，可以攻玉。”引进国外优质教育资源，是为了取人之长补己之短，借以促进引进方教育教学的改革与发展，提高学术水平和教学质量，使培养的人才具有国际化视野和国际化意识。引进的教育资源可分为全部引进、部分引进和单项引进三个层面。全部引进是指输出客体的全部可输出资源均较之引进主体的资源优质，输出客体与引进主体的合作处在全方位层面；部分引进是指输出客体的可输出资源较之引进主体而言只有部分优质，客主双方各有特色和优势，对主体而言对引进的资源有需求也有优势，双方在资源合作上采取选择性结合，形成“1+1>2”的互补性效果；单项引进是指输出客体只有某项可输出资源具有优势，而除此之外的客体资源与主体资源难分优劣。如根据双方的实际情况，对客体的教材、培养方案或教师资源择其单项引进，可以起到互补作用。

（3）资源的融合性。

引进的教育资源最终要在行为主体的教育环境中成长，所有的引进从理论层面而言都应当是可引资源的引进，引进教育资源并非“教育克隆”，其类似于“器官移植”，因而不能有太大的排异反应。引进的要实用，引进的要管用，输出客体和引进主体既可以“和而不同”，同时又需要相互结合甚至走向融合，并有所创新。教育资源发挥作用的大小与其所处的环境、氛围有很大的关系。对于引进资源是否适合国情和校情，要视其融合的程度。融合性对引进优质教育资源的消化、吸收关系重大。

第二节　高职教育国际化与本土化辨析

开展中外合作办学归根结底是“洋为中用”。中外合作办学人力资源培养本土化是指经过长期的人力资源培养实践之后，将中外合作办学人力资源培养的成果全部转化成由我方办学机构掌握的资源，我方办学机构完全负责课程的设置、师资的选聘以及教育教学的管理等环节。“本土化”意味着我国的教育质量已经达到国际水准，我们能够摆脱对有限的国外合作机构的依赖，更加独立自主地利用和吸收世界各国的优质教育资源；“本土化”也意味中外合作办学培养的人才要具有高尚的爱国情操，在继承本民族文化精髓的基础上融合外国先进文化。中外合作办学人力资源培养国际化是指随着我国教育的国际竞争力显著提高，合作办学实施“走出去”战略，使我国从教育输入大国转向教育输出大国，在世界范围内为我国的人力资源强国战略培养大批优秀的国际化人才。

国内优质职业教育资源供给不足、缺乏必要的国际适应力和竞争力，是造成职业教育质量认可度不高，高端教育需求外溢的主要原因，因而进行优质国际资源本土化是教育供给侧改革的必然选择。

国内学者对于国际资源本土化的认识和理解，存在着不同的观点，如项贤明就提出本土化概念是西方尤其是美国强势文化主导下的一种产物，应为“本土生长”。李庆霞教授认为本土化实际上是一种保护本土文化存在，以避免其他文化威胁的过程等。此类观点对国际化持排斥态度，认为本土化的职责就是在国际化潮流面前尽力保护本土文化，本土化等同于保护本土文化。但有的学者已意识到本土化并不意味着排外和故步自封，而将其认定为一种积极吸收先进的外来文化，并依据自身特点和需要，将其转化为自身发展所需养分和能量的过程。

1. 职业教育资源本土化的概念

高职教育资源本土化从概念上看，实际上是个相对的概念，与国际化有较高的依存度，是指使某事物发生转变，适应本国、本地、本民族情况，在本国、本地生长，使之具有本国、本地、本民族的内涵、特色或特征。从运行维度上看，高职教育本土化是将“国际”教育资源物化到高职院校实践的教育过程。买琳燕对其内涵提出了“输入”“过程”“输出”三个阶段，并提出本土化的实质是为了更好地指导国际化实践，核心在于“化”。

上述成果对本土化作了一些理论探讨，但仍存在一定局限性：一是对本土化概念的理解，尚缺乏客观分析依据；二是多从普通高等教育专业角度出发，忽略甚至忽视了对高职院校“职业”特色的分析；三是对二者关系的探讨，仍局限于对辩证统一关系结论的简单复述，未能深刻阐述二者的具体范畴、作用及转化结合点。因此，还缺乏实践指导价值。

2. 高职教育国际化与本土化关系辨析

高职教育国际化是适应经济全球化要求和国家“一带一路”发展战略需要的必然选择。但国际化如同一把“双刃剑”，一方面会带来先进的教育理念和教育思想，另一方面又势必对一个国家的传统文化带来冲击。教育国际化与本土化，实则是内在辩证统一关系，属于同一个过程的两个方面，两者可以互相促进和转化。如霍尔斯（Halls W.）所言：“教育作为抽象概念在本质上就是指一种文化现象，每种教育制度都源于它得以存在的文化环境。”高等教育的本土化既不是国际化的补充，也不是国际化的对立，而是一种在民族文化的土壤里培育自己的高等教育的系统、理论的理念与行动。

高职教育本土化是一个将“国际”“化”入高职院校实践的教育过程，本土化以国际化为出发点和目标，国际化又以本土化为落脚点和宗旨。不存在单一意义上的国际化或本土化，所以国际化与本土化之间应该保持一种必要的张力，即在两者之间坚守科学合理的文化立场。我们要以本土化为目标，以国际化为手段，即在国际化的过程中，面对西方的东西，既要解构，又要“重建”，保持一种胸怀开阔的批判理性。要把二者有机结合起来。高职教育的本土化、民族化不能代替国际化，也不能成为落后体制拒绝先进文化的理由，国际化也不能取消民族特色而排除本土化，两者应该是相辅相成、对立统一的。教育国际化与本土化的共同目标就是使本民族的文化从弱势变为强势，从落后走向先进，从强势走向更强，如果离开此前提，讨论教育国际化和本土化便毫无意义。

第三节 资源本土化过程的关注点

本土化可以将跨国教育的理论和实践放在本国特定的背景之下来理解与实施，使其具有基于本国特征的独特性。本土化是一个过程，即在推动跨国教育的发展过程中逐渐同本国实际情况相适应、相融合。我国尽管已经开始关注境外输出，但仍以传播中国传统文化为主，并未将自身优势与当地对技能技术的渴求形成契合，同时由于教育供给不足和教育制度的变迁，目前主要还是跨国教育的输入国。

由于目前在“跨境支付”上尚未做任何承诺，且不允许外国教育机构和个人单独在华办学，因此跨国教育在中国主要是以中外合作办学的形式存在（外方以课程设置、教材、教学软件、教师、相关毕业或结业证书的投入为主，资金投入为辅；中方以土地使用权、校舍、教学设备、教师等资源投资为主）。跨国教育是否削弱了民族国家对本国高等教育体系的控制和建设？

一、对政治动因的本土化关注

1. 理性维护国家主权

跨国教育包含许多具有政治意识形态的东西，对国家的政治安全有着全面深刻的影响，对一些以政治动因为主要驱动的教育机构的进入，应保持警惕。在开放教育服务的过程中，我们必须坚持一个底线，即在中国领土上进行的合作教育，必须要为中国社会主义现代化建设服务，在高等教育的举办权和投资权方面，我们可以放开，但在办学方向上我们必须坚持为我国社会主义建设和精神文明建设服务，在教育主权上是丝毫不能含糊的。

2. 争取国际话语权

跨国教育要在国际化大背景下顺利发展，需要 UNESCO 这样的机构为其提供规则。然而任何规则的制定都必然带有主观性，其后可能存在某些价值的判断。由于目前西方国家发展水平领先，很多国际组织的成员都是西方国家占多数，他们在规则协商和双边、多边谈判中，会朝着有利于本国需要的方向制定相关的规则和协定。因此，我国对于国际组织下的跨国高等教育规则的发展必须予以高度重视，提高警惕，在遵循国际惯例的同时，应积极主动争取国际话语权，参与到国际规则的制定中去，并努力争取使之有益于我国国情与发展。

二、对经济动因的本土化关注

1. 明晰产权

那些以经济动因为主的国外合作机构，其寻利性是难以回避的也是不可否认的。但我国目前对合作办学产业性态度模糊不清，仍把中外合作办学机构定位为公益性事业，对产业性和市场性的办学活动存在认识缺失，没有以法律形式保证合作方的产权和收益权，也就无法真正调动外国机构来华实施合作办学的积极性。外方投资者不敢进行大规模的投资，多以回报周期较短的合作项目为主，这是造成目前合作办学质量不高、层次偏低的主要原因之一，因此要明晰产权，明确投资回报。

2. 加强质量监督

对于以寻求经济利益为目的的跨国教育机构，应加强监管，保障质量。既然把教育当作商品出口，就必须提供高质量的教育服务，“质量保障问题是一个非常重要且复杂的问题，必须在入口资质、过程控制、出口质量与责任追溯等环节建立起系统的工作机制”。

三、对文化动因的本土化关注

“中外合作办学作为中外不同文化交融的前沿，不可避免地实践着各种不同文化的交汇、碰撞、融合”，文化的交流并不必然是趋善的，反而会加剧文化霸权主义和文化多元化之间的尖锐矛盾，对于某一国家、民族来说，可能面临着民族独特文化被解构的威胁。目前，居于强势地位的西方发达国家在输出本国教育的同时希望输出本国的文化。而发展中国家常常是要么被排斥在这种先进的西方文化之外，要么跟着西方文化亦步亦趋。因此，跨国教育是否有利于国与国之间的交流与理解，取决于合作双方的不断博弈。在享受跨国教育带来的文化多元繁荣的同时，要保护与宣扬本国的优秀传统文化，避免因外来文化日益扩张而使本土文化日益萎缩。

四、对能力建设的本土化关注

1. 确定优先专业

自身能力建设本就是我国中外合作办学的最主要动因，但国外真正优质的大学，考虑到对自身教育质量的保护，在对外输出的态度上还是很谨慎的，因此容易合作的往往是一些三流大学或者是国外已经过剩的专业，我们必须以自身能力发展作为根本目的，在引进国外资源时积极主动，而不是被动接受。政府应认真研究我国紧需专业和国外优质专业，本着优先培养我国现代化紧缺人才的原则，确定优先关注领域和限制性技术门槛的指导性意见或学科专业目录（明确我方重点需要的短缺专业、不鼓励也不限制的一般性专业、需要适度限制的专业和严格限制的专业）。

2. 关注西部发展

境外教育机构办学的重点放在北京、上海、天津等经济较发达的地区和一些沿海地区，而西部地区还不到 10 %，这更拉大了我国东西部地区教育发展的差距。我国应在如何引导国外优质资源进入西部城市方面加深研究，对于进入西部的国外合作机构，探索实施各种可行的优惠政策，如税收、产权等。此外，跨国教育也是一个吸引国外优秀人才的好机遇。以往的留学教育使我国遗失了大量的高层人才，应吸取教训，在中外合作过程中培育人才竞争意识，想办法吸纳大量的境外学术精英和科技精英，快速步入知识经济的快车道，促进社会的快速发展。

3. 注重消化吸收

引进国外资源只是一种暂时性的策略，最终目的是使之有益于我国高校的发展，对那些与国外机构合作的办学机构来说，应利用这样的机会努力消化吸收，不仅培养出一批有创新精神和创新能力的复合型人才，而且也使国内的教师逐渐具有国际先进理念和技术，不断强化自己的品牌。

五、对消费者保护的本土化关注

1. 学费的合理性

受教育者付费上学的事实证明他们是教育的投资方和消费方之一，尽管跨国教育的学费比出国留学低很多，但比国内的学费水平还是高出了两三倍，因此教育消费者的权益更应该得到充分尊重。然而我国对消费者的权益并没有给予足够重视，在《中外合作办学条例》及其实施纲要中并没有对消费者权益以法律的形式给予保障。跨国教育在增加输入国家的入学机会、提高入学率的同时，又因其高收费导致了贫富阶层在入学机会上的不公平，需要有关部门给予关注。

2. 学位的含金量

国家管制框架只是限制了国外教育提供者的进入门槛，至于跨国教育究竟能达到怎样的效果，尚无一个合理的质量标准来评定，合作教育机构也没有为学生提供一个清楚的、全方位的有关其所办教育的信息，这使很多中外合作学校的学生对自己所获得的学历及学位的社会有效性缺乏信心，这种国外文凭究竟含金量有多高，需要有关政府部门给予评估与认可。

六、开拓我国教育的输出路径

国际化是一种“引进”和“输出”并存的双向交流活动。就高职教育国际化而言，也应该是双向并重的发展过程。特别是在“一流高职”的高标准和高要求之下，高职院校不仅要立足本土，借鉴、吸收国外优质的教育资源，还要积极走出国门，把中国的职业教育传播到世界各地。在过去的十几年时间里，我国职业教育在“引进”上做足了功课，积极借鉴德国的“双元制”、澳大利亚的 TAFE 模式、美国的社区学院，收获了先进的办学理念和科学的发展路径。然而，重“引进”轻“输出”导致我国高职教育国际交流与合作存在明显逆差。

我们在引进国外优质教育资源的同时，也要积极开拓走出去的发展路径。高职院校要改变过往很长一段时间单向学习和借鉴欧美的境况，不断提高国际化的外向度，面向世界输出职业教育改革发展的“中国方案”。一是要找准方向。从“中国职教”与“中国制造”相辅相成出发，积极融入“一带一路”倡议，发挥高职教育的重要作用。高职院校要应势而动，通过产教协同与中国企业和产品一道“走出去”。二是要选好伙伴。要借助我国对外经贸合作的传统优势和强劲势头，重点加强与东盟国家、非洲国家、拉美国家的合作，增加向这些国家提供的政府奖学金名额，吸引更多的优秀留学生，培育我国高职教育输出的新阵地。三是要用好方法。可以通过项目先行的方式，将课程、师资、实训体系整合成项目向沿线国家推广，为他们培训产业界官员、职教官员、教师以及企业员工，系统传输我国职业教育模式与优质资源。

第四节　职业教育优质教学资源融合的推进策略

一、加强顶层设计，完善体制机制

借助党的十八大以来依法治国和国民经济社会发展供给侧结构性改革的契机，从法律法规和体制机制层面着力，实现与国际先进经验的及时对接，真正将职业教育中外合作办学的管理及监控纳入法制化轨道。

一要加强顶层设计，做好统筹规划。举办合作办学的机构或项目做好顶层设计，对项目的各方面、各层次、各要素做好统筹规划，以集中有效资源，高效快捷地实现人才培养目标。强化办学主体的责任意识，理顺学校与学校、学校与项目以及其他方面的关系。

二要完善体制机制，加强运行管理。合作办学管理涉及高职院校招生管理、教学管理、人事管理、学生管理、后勤管理等业务管理部门，通过借鉴国外先进经验，完善学校内部治理结构和运行机制，健全完善各项管理制度，搭建起结合中外教育体制优势的管理架构。中外双方要共同参与具体的管理过程，并明晰双方责任、权利与义务。

三要注重融合创新、保障办学质量。中外人才培养模式和理念存在差异，要达到双方办学、教学优势的融合，实现中外课程的无缝接轨，需要精心的设计和准确的定位。通过多种方式对教学内容、教学方法进行系统地融合和创新，并制定出既融合国际优势又符合本校学生课堂教学和学习特点的创新型课程体系。同时建立科学的教学质量认证标准和保障体系，对合作办学的课程和教学质量实施认证，不断完善对合作办学质量的监控和评估。

二、强化引智合力，拓展发展渠道

教育消费观引导下的广义教育资源供给与服务，关注学生的实际获得。建立服务于学生成长的“统一战线”，就必须努力提高教育供给端的质量、效率和创新性，尊重和贴近学生的消费习惯，满足学生个性发展的需要。因此要在充分发挥政府在国际师资引进方面的主导性力量的基础上，积极开拓合作办学新渠道，探索合作办学新形式，要全面完善民间团体和社会力量在国际化发展沟通与联系上的灵活性，加强与它们的交流，做到信息共享、项目共推、共同服务，形成多措并举、优势互补、合力引智的良性局面。还必须努力改善教育供给结构，形成丰富、多元、可选择的新供给侧结构，实现教育改革从“需求侧的拉动”到“供给侧的推动”的根本转变。

三、加速国际化人才培养体系本土化融合创新进程

在合作办学过程中，应坚持“引进—创新—内化—发展”的原则，借鉴和吸收外方优秀的教学方法、教学内容和教育教学理念。加快优质教育资源体系本土化的融合创新进程。

1. 创新人才培养模式本土化路径

人才培养模式本土化，实质是专业建设资源基础、人才培养体系、人才质量内涵和专业人才服务面向本土化的有机统一。由于教育理念、体制机制、文化背景等诸多差异，中外合作办学可以汲取西方尊重个体差异性发展的现代教育理念和模式，引进多元丰富的教育文化资源，并借鉴外方严格教育质量监控的先进经验，但也不能背离在中国本土的具体环境和实际需求。

2. 加大本土教师的国际化培养力度及双语课开设比例

师资队伍是国际交流与合作的重要主体，推进教师队伍国际化建设既是高等教育自身发展的要求，也是进行教育供给侧改革的必然选择。师资队伍的国际化，从本质上讲，实际上是强调师资队伍的跨文化性。为培养国际化人才，教师必须具有国际理念、跨文化视野、跨国经验、多元文化的知识结构，具有较强的跨文化交际能力及在全球范围内寻找和配置资源的能力，还必须积极参与课程的国际化改造，开设跨文化交际课程，加大双语教学比例，大量引进原版教材。双语教学是课程国际化的基础，也只有实现真正的双语教学，才能保证课程的国际化，提高学生的国际化意识，促进教师业务水平的提升，做到教学相长。当然无论是师资管理还是课程管理，都需要处理好引进与平衡的关系。

3. 外部环境及教学资源的本土化融合路径

（1）搭建合作项目网络教学平台。

借助互联网及现代信息技术搭建合作项目网络教学平台，实现线上与线下教育资源有效融合。便捷的网络教学平台要为合作办学提供丰富的资源、便捷的交流与服务，从教育供给侧满足学习者个性化的学习需求。

（2）加强校园环境及课室文化建设。

开展丰富的校园文化内容建设和展示活动，营造健康优美的校园和课室文化环境。对内引领对师生知识、文化、精神层面的教育行为，对外彰显学校的教育品质，同时要重视对课室文化的建设研究与开发应用，使师生受到双重的熏陶和感染。

（3）优秀传统文化教育融入职业课程教学体系。

优秀传统文化是实现德育教育目标的重要载体，在课程建设和课程标准中应强化中华优秀传统文化内容，充分发挥优秀传统文化的教育作用。通过学习古文、诗、词、画、民族音乐、戏剧欣赏等课程，了解中华民族大家庭里各地区的传统文化知识，将中华民族文化瑰宝作为教学内容，让学生在学习优秀传统文化知识的过程中感悟其文化内涵，让经典传统文化赋予现代人精神力量，将优秀的传统文化内化为学生的人文素养，并增强学生的责任感和使命感。

高等职业教育改革与发展进程中的国际化与本土化实则是对立统一、共存共融的。教育属性、时代发展特征以及现阶段国情，决定了中外合作办学项目不能完全照搬、面面接轨。为实现教育“以人为本”的终极目的，达到人的解放和自由全面的发展的需要，离不开以科学精神为基础，人文精神为价值取向，其中人文精神的培养更是以本国国情和本民族的优良传统文化为核心的；教育的多重性也决定了高职教育国际化进程必须自觉地与我国的社会制度、基本国情、民族利益、民族精神等的要求相一致。因此，我们必须一方面积极推进高等职业教育国际化，另一方面要保持清醒的头脑，坚持以我为主的方针，走“化而不同”的具有中国特色的高等职业教育国际化之路。

第五节 中芬体育服务与管理专科项目案例

一、合作院校基本情况

1. 广州体育职业技术学院

广州体育职业技术学院是广州市政府举办的全日制高等体育职业院校，主要任务是培养为国争光的高水平竞技体育人才和满足社会需要的高素质技术技能型体育人才。学院位于广州市，办学条件优势明显，软硬条件优良，先后培养了7名奥运冠军和22名世界冠军，是“国家综合体育训练基地”“国家高水平体育后备人才基地”。2013年9月，学院被确立为广东省示范院校建设单位，是全国18所体育职业院校中获此殊荣的两所学院之一。

作为广州市体育对外交流窗口，学院与20多个国家、地区的体育院校、体育机构建立了长期的交流与合作关系。在国际上特别是东南亚地区拥有较高的社会知名度。学院积极拓展国际化办学渠道，目前与芬兰体育商学院，美国春田大学，韩国忠南、忠北体育学校等初步建立了校际交流与合作关系。

2. 哈格—赫利尔应用科学大学

芬兰是世界上经济最发达的国家之一，也是对教育投入最高的国家之一。据达沃斯世界经济论坛公布的过去20年的全球竞争力报告，芬兰不仅在全球125个国家和地区中一直名列前三，而且还长期占据该报告中高等教育排名的最高位置。

芬兰哈格—赫利尔应用科学大学是芬兰最大的商学院，其前身是赫尔辛基商业学院，在校生15 000名，教职工700多名。该校开设了多语种管理助理、商务信息技术、餐馆和旅游管理、国际商务、体育与休闲管理、旅游学、经验和疗养等26个本科专业，有国际商务管理、酒店管理等6个硕士专业。此外，该校还开设非学位性质的学分课程和语言课程供学生选择学习。体育商学院是哈格—赫利尔应用科学大学的6个分院之一，开设有高尔夫管理、旅游管理、体育传媒、酒店管理、体育市场营销、场馆管理、休闲体育管理等专业。学院有三大功能，一是教学，主要培养本科、硕士层次的体育商务管理应用型人才。二是训练，学院是国家冰球训练基地、欧洲奥委会训练基地，学院曾取得过29次冰球项目世界冠军。三是开展全方位的社会服务，面向社会开展各类培训，承办大型赛事，学院还是芬兰最大的体育休闲基地。

二、项目缘起及进展

1. 项目总体情况

在广州市大力推进新型化城市建设的重要时期，为培养专业化、国际化的体育复合型技术人才，引进境外优秀教育资源，推动中外合作办学，进一步提高我院的办学质量，加快建设学院品牌和精品专业建设，广州体育职业技术学院于2011年12月启动与芬兰哈格—赫利尔应用科学大学体育商学院合作开办体育服务与管理专业（休闲体育管理方向）项目。项目合作方式为2+1+1，即专本衔接分段联合培养方式：学生在广州体育职业技术学院学习2年修满规定学分后，雅思成绩通过的学生，可赴芬兰学习1年；未能通过雅思的学生在国内继续学习1年，均可获得专科文凭；有意愿在芬兰继续深造的学生，芬方承认专科阶段所获学分，继续学习1年修满学分后，可取得芬兰本科学位及文凭。

中芬合作项目遵循相互尊重、优势互补、求同存异、沟通拓进的办学原则，逐步探索和尝试“整分教学、中外双制”的人才培养模式，培养具有国际文化视野，通体育、懂经营、善管理的从事跨国性体育产业经营运作的高素质技能型特色人才。

项目实施采取中芬两地教学，联合授课的形式，按照教学计划的规定，前两年芬方按照教学计划组织教学团队来院集中授课，第三年将赴芬兰学校完成学业，且专业课程由芬方提供教材，并按照双方制订的教学质量评估方案进行考核。该项目共开设了22门课程，总课时3 168学时，总学分162分，分为五个课程模块：职业素质与能力、英语语言能力、职业通用能力、职业岗位能力及职业适应能力。课程覆盖面全、专业性强，其中英语授课比例达到92.05%，芬方教学课时比例达到59.09%。本专业旨在把芬兰先进的体育管理课程引进国内，为学生创造一个具有国际标准的学习环境，通过世界性的教育使学生掌握休闲体育管理方法和技能，拓展其管理视野。为保证国际化教学顺利进行，学院专门为中芬合作项目配套改造了两间课室，提供了专属的教学空间。

2. 项目进展及取得的成效

（1）互访签订合作办学协议。

2011年12月，芬兰哈格—赫利尔应用科学大学体育商学院教学主管卡利·波罗纳赫教授应邀来访，与院方洽谈后，双方达成初步合作办学意向，并签订合作意向书。

2012年2月，广州体育职业技术学院黄德敏常务副院长带领代表团受邀回访，全面考察了芬兰哈格—赫利尔应用科学大学体育商学院的办学条件，并就双方合作办学进行了深入洽谈，明确以体育服务与管理专业为首批合作专业，双方签订合作框架协议。

2013年11月，芬兰哈格—赫利尔应用科学大学体育商学院院长马丁代表哈格—赫尔利应用科学大学校长来院访问并递交与学院合作交流协议书。

（2）项目申报及主管部门审批。

2012年3月，广州体育职业技术学院组建了项目申报组、教学实施组、翻译组和招生组具体落实合作办学事宜，并正式启动项目申报工作。

2012年11月，广州体育职业技术学院正式向广东省教育厅申报该项目，项目获批准并向教育部备案。

2014年1月，广州体育职业技术学院向广东省教育厅计财处上报关于合作办学收费的请示报告以备审核。

2014年6月，教育部正式下文批准中芬合作办学项目。

（3）项目实施前期筹备工作。

①人才培养方案的制订及课程体系的对接。

2012年7月，为明确合作专业教学计划的学分互认问题，广州体育职业技术学院邀请芬兰哈格—赫利尔应用科学大学体育商学院卡利·波罗纳赫教授和其合作学校于韦斯屈莱应用科学大学的项目主管李斯特·拉斯古教授进行合作办学专题研讨，最终确定合作专业的名称为体育服务与管理（休闲体育管理方向），并形成以芬兰体育商学院课程为主体，专、本课程对接的人才培养方案。

②教学专题研讨会。

2014年6月，卡利·波罗纳赫教授与骨干教师威利应邀来访，围绕教学计划修订、核心课程标准的制定、教材编写、实习生互换等问题进行专题研讨。对人才培养方案中涉及芬方的课程由双方教学团队共同编写中英文讲义，经教学实践的充实与完善，最终形成一系列的校本特色教材。

③师资培训。

2013 年 11 月芬兰哈格—赫利尔应用科学大学体育商学院马丁院长对广州体育职业技术学院教师开展专题培训；卡利 · 波罗纳赫教授为广州体育职业技术学院体育产业系全体教师举办了小班教学示范观摩课。

2014 年 6 月，卡利 · 波罗纳赫教授对广州体育职业技术学院教师进行了网络课程的培训。威利对广州体育职业技术学院体育服务与管理专业的学生进行了 12 课时的专业基础课程教学，体育产业系专业课教师进行全程观摩。

④项目实施及管理。

2014 年 4 月项目实施的前期筹备工作基本完成，上报广东省计财处、物价局核批收费标准，学院正式启动 2015 年招生工作。

2015 年 3 月成立学院中外合作办学领导小组，制定《广州体育职业技术学院外国专家安全制度》《广州体育职业技术学院外国专家管理制度》《广州体育职业技术学院外事工作制度》《广州体育职业技术学院对外合作交流管理办法》等相关管理制度，为学院拓展中外合作办学提供制度保障。

2015 年 5 月，广东省发改委正式批复同意广州体育职业技术学院的中外合作办学收费申请。

2015 年 9 月，中芬合作办学项目正式录取 25 名新生入学。

2017 年 9 月，经芬方语言测试合格的 21 名学生赴芬兰开始为期一年的留学生活。

三、项目特色

1．教学资源优势互补

广州体育职业技术学院体育服务与管理专业开设于2008年，属于央财支持建设专业。芬兰哈格—赫利尔应用科学大学体育商学院的休闲体育管理专业的教学与研究在芬兰大学中位居前列，是该院的优势专业之一，双方的合作属强强联合，可以为珠三角地区培养更多、更优秀的具有国际视野，通体育、懂经营、善管理的从事体育服务与管理的特色人才。

2．合作模式有所突破

该合作模式突破了以前国际合作项目在国内的主要不足和局限性。采用2＋1＋1专本衔接分段联合培养方式。即学生在我院学习2年修满学分后，雅思成绩通过的学生，可赴芬兰学习1年；未能通过雅思的学生，继续在国内完成规定的课程，在国外实习1～2个月，可获得我院专科文凭和芬兰哈格—赫利尔应用科学大学体育商学院课程结业证明；有意愿读本科的同学，继续在芬兰学习1年即可取得芬兰本科学位及文凭。该合作项目设计详尽兼顾不同层次学生的多种发展需求，让每个学生都能找到适合自己的学业发展方向。

3．课程设置理念先进

该项目共开设了28门课程，68%的课程由芬兰哈格—赫利尔应用科学大学体育商学院教师授课，为学生创造了一个具有国际标准的学习环境。为培养学生的跨文化交际能力，还设置了“芬兰历史与文化”等课程，帮助学生了解芬兰的社会文化、风土人情等。最后一年在芬兰的学习生活，更让学生切身体验芬兰文化及风俗民情。

4. 社会评价

中芬合作项目开创了国内体育类高职院校首家中外合作办学项目的先河，也是芬兰在中国高等职业院校领域的首个合作办学项目。

2016 年 3 月，芬兰驻华大使馆教育与科学参赞狄明嘉先生（Mika Tirronen），芬兰教育部国际教育交流署 CIMO 中国办公室项目经理杨琳女士，芬兰驻广州总领事馆商务处商务专员李俊英女士对中芬项目进行调研，并给予了高度评价。参赞狄明嘉还对中芬班的学生给予了热切寄语。

四、项目未来展望

（1）中芬合作办学项目 2015 年成功开始招生，打通了高职院校学生接受国外优质教育资源转本衔接的学习通道。现已连续招满两届，每届按计划数和录取分数线在当年高考专科 A 批次录取。成立由双方人员组成的项目教学管理小组，共同进行教学管理和质量监控。学生取得专科文凭后，专科学分可以在本科和研究生阶段得到承认，继续深造可取得本科文凭和硕士文凭，打通了本科、研究生的学习通道。

（2）输出优势体育项目。利用广州体育职业技术学院优势体育项目如中国传统武术、乒乓球等，有计划输出优质教育资源体育项目，并择机在芬兰哈格—赫利尔应用科学大学体育商学院开设选修课程。

（3）在中芬合作办学项目合办专业的基础上组建芬兰哈格—赫利尔应用科学大学体育商学院中国分院，在合办体育服务与管理专业 2 ~ 3 年的基础上，酝酿成立国际办学海外机构，筹建芬兰哈格—赫利尔应用科学大学体育商学院中国分院，负责合作办学的教育教学组织、管理及协调工作，拓展合作办学的渠道、层次和水平。

参考文献

[1] 罗伯森. 全球化——社会理论和全球文化 [M]. 梁光严，译. 上海：上海人民出版社，2000.
[2] 刘海峰. 高等教育的国际化与本土化 [J]. 中国高等教育，2001 (2).
[3] 万俊人. 经济全球化与文化多元化 [J]. 中国社会科学，2001 (2).
[4] 项贤明. 比较教育学的文化逻辑 [M]. 哈尔滨：黑龙江教育出版社，2000.
[5] 李庆霞. 全球化视域中的文化本土化研究 [J]. 社会科学战线，2007 (1).
[6] 藏玲玲. 我国高等教育本土化研究述评 [J]. 现代教育管理，2013 (3).
[7] 黄进，胡甲刚. 国际化 · 现代化 · 本土化　新世纪高等学校的办学方向 [J]. 国家教育行政学院学报，2003 (1).
[8] 周立群. 高等教育的国际化与本土化 [J]. 中国大学教学，2009 (5).
[9] 买琳燕. 高职教育国际化与本土化辩证关系探析 [J]. 职业技术教育，2014 (7).
[10] 许美德，巴斯蒂，等. 中外比较教育史 [M]. 上海：上海人民出版社，1990.
[11] 林金辉，刘志平. 高等教育中外合作办学研究 [M]. 广州：广东教育出版社，2010.
[12] 杨旭辉. 高职教育国际化：内涵、标准与策略 [J]. 中国高教研究，2006 (12).
[13] 王剑波. 跨国高等教育与中外合作办学 [M]. 济南：山东教育出版社，2012.
[14] 张文斌. 高职院校中外合作办学模式研究 [J]. 经济研究导刊，2013 (2).
[15] 杨小燕. 使命的召唤：高等职业教育国际化发展研究 [M]. 成都：西南交通大学出版社，2013.
[16] 程良龙. 中外合作办学历史 · 政策 · 现状 [M]. 北京：北京交通大学出版社，2014.
[17] 鄢晓. 中外合作办学引进国外优质教育资源的影响因素和基本原则 [J]. 江苏高教，2014 (1).
[18] 林金辉. 中外合作办学发展报告（2010—2015） [M]. 厦门：厦门大学出

版社，2016.
[19] 郭伟，张力玮．新时期中外合作办学发展趋势：提质增效、服务大局、增强能力——访厦门大学中外合作办学研究中心主任林金辉［J］．世界教育信息，2016（7）．
[20] 王义．职业教育国际化路径比较及其启示［J］．宁波职业技术学院学报，2015（6）．
[21] 郭新宇．高校引进境外优质教育资源标准探析［J］．世界教育信息，2016（1）．
[22] 王杨．中国高等职业教育国际化问题研究［M］．北京：经济科学出版社，2016.
[23] 李青．我国高职院校中外合作办学述评［J］．武汉交通职业学院学报，2017（2）．
[24] 章永刚．“一带一路”背景下高职院校国际合作与交流现状反思及模式转型［J］．机械职业教育，2017（12）．
[25] 杨剑静，邵建东．“一流高职”战略下高职教育国际化发展路径［J］．黑龙江高教研究，2018（1）．